D1215045

BOOK SOLD
NO LONGER R.H.P.L.
PROPERTY

RICHMOND HILL
PUBLIC LIBRARY

JUN 0 6 2013

CENTRAL LIBRARY
905-884-9288

Les Éditions du Boréal
4447, rue Saint-Denis
Montréal (Québec) H2J 2L2
www.editionsboreal.qc.ca

Glenn Gould

Ce livre est publié à l'initiative et sous la direction de John Saul.

Mark Kingwell

Glenn Gould

*traduit de l'anglais (Canada)
par Alain Roy*

Boréal

RICHMOND HILL
PUBLIC LIBRARY

JUN 0 6 2013

CENTRAL LIBRARY
905-884-9288

© Mark Kingwell 2009
© Les Éditions du Boréal 2011 pour l'édition en langue française
Dépôt légal : 4ᵉ trimestre 2011
Bibliothèque et Archives nationales du Québec

Diffusion au Canada : Dimedia
Diffusion et distribution en Europe : Volumen

L'édition originale de cet ouvrage a été publiée en 2009
par Penguin Canada sous le titre *Glenn Gould.*

*Catalogage avant publication de Bibliothèque et Archives nationales du Québec
et Bibliothèque et Archives Canada*

Kingwell, Mark, 1963-

    Glenn Gould

    Traduction de : Glenn Gould.
    Comprend des réf. bibliogr.

    ISBN 978-2-7646-2125-7

    1. Gould, Glenn, 1932-1982. 2. Pianistes – Canada – Biographies. I. Titre.

ML417.G69K5514   2011   786.2092   C2011-941650-6

ISBN PAPIER 978-2-7646-2125-7
ISBN PDF 978-2-7646-3125-6
ISBN ePUB 978-2-7646-4125-5

1

Aria

La voix est rapide, précise, assurée, légèrement pompeuse.

Elle s'égare en apartés moqueurs, elle est sinueuse comme les exposés d'un professeur qui ressasse depuis longtemps les mêmes anecdotes parfaitement polies. C'est une voix ironique aussi, amusée, intelligente, sonore, espiègle. Elle soigne ses effets, jamais évasive ou complaisante. L'homme qui parle répond aux questions ; il les savoure en pensée, même lorsqu'il les trouve intimidantes.

Les phrases se déroulent en paragraphes bien découpés ; convaincantes et claires, elles possèdent un caractère architectural. Cette musique est celle de l'anglais parlé de Glenn Gould, l'accent presque disparu des Canadiens cultivés d'il y a un demi-siècle. Les phonèmes sourds se mêlent aux phonèmes sonores de la culture nationale en train de naître. C'est la langue de la CBC, des diplomates, de l'académie. Les consonnes, notamment les *t* et les *d*, y sont sèches, comme les consonnes musicales dans son jeu d'une précision notoire[1]. Son vaste vocabulaire est émaillé de préciosités et de jargon musicologique : *alea-*

toric, motivic, thereunto pertaining. Dans sa bouche, le mot *film* compte une syllabe et demie.

Chez Glenn Gould, la langue parlée et la pensée sont étroitement liées ; la recherche du mot juste met de l'ordre dans la cacophonie de l'esprit et trace la ligne nette d'une phrase artistement composée. On peut dire la même chose de sa prose abondante, intempérante. Plus important encore, cela caractérise son approche de la musique et du jeu musical. Glenn Gould cherchait avant toute chose la structure de la musique, l'« ossature » de chaque morceau qu'il révélait dans des interprétations parfois qualifiées d'« extravagantes » parce qu'elles ne suivaient pas les formes établies par la tradition. En vérité, elles n'étaient pas extravagantes ; elles étaient neuves. Si elles faisaient montre d'extravagance, c'était par rapport au canon et non dans leur forme même. Il n'y avait d'ailleurs rien d'extravagant dans la musique de sa parole, ni sur le plan de l'expression ni sur le plan du contenu.

Le terme *aléatoire (aleatoric)* désigne la dimension de la musique qui relève du hasard ou de l'improvisation. Il provient du mot latin *alea,* qui signifie « dés ». Il fut introduit dans la théorie musicale des années 1950 pour décrire les œuvres de Pierre Boulez et de Karlheinz Stockhausen, pour ne nommer que ceux-là, mais on peut l'appliquer aussi à une musique plus ancienne qui contient des éléments d'imprévu. En tant que virtuose de la technique et de la mémorisation, Glenn Gould n'est généralement pas associé à l'improvisation musicale ni aux maîtres de l'avant-garde ; c'est cependant cette clé qui permet de comprendre le sens de sa musique et de sa pensée. Gould ne faisait pas que jouer de la musique ; il jouait avec elle. Il interprétait chaque morceau en voulant donner l'impression *qu'il le composait au fur et à mesure*. Réussir cet effet exige une discipline énorme, une incroyable maîtrise de soi et de cette part du monde qui peut être maîtrisée.

Dans une entrevue qu'il donna à l'occasion d'un disque sorti en 1968, Gould déclara : « Jouer devant un auditoire représente pour moi une immense responsabilité. » C'était par ce genre d'énoncé catégorique qu'il justifiait sa décision, prise quatre ans plus tôt, de ne plus interpréter le répertoire classique en concert.

> Tout d'abord, je rejette l'unicité de cette expérience, le « pas-de-prise-2 ». Je me rappelle plusieurs récitals sur le circuit nord-américain qui étaient inadéquats et décousus ; peut-être que je n'avais pas répété suffisamment ou que j'essayais de rivaliser avec la version que j'avais enregistrée moi-même, si cela se peut — j'ai effectivement ressenti cela ! — et si c'était le cas, j'étais alors, pour tout dire, très mal disposé à répéter. Si un récital s'engageait dans cette voie, je ressentais un besoin urgent de m'interrompre — les psychiatres, je n'en doute pas, auraient là-dessus des choses merveilleuses à dire —, je ressentais un besoin immense de m'arrêter au beau milieu du morceau et de m'écrier : « Deuxième prise ! » Mais on ne peut pas faire ça sans risquer le scandale et des critiques très négatives, alors je ne l'ai jamais fait. Cependant, j'ai toujours rêvé de le faire[2].

Et pourquoi pas ? le relança l'intervieweur. Si cela ne fait pas partie des habitudes de concert, rien n'empêche un artiste de les modifier un peu. Gould se mit à rire. Ils savaient tous deux que la chose ne risquait pas d'arriver, mais Gould répondit sur un ton aguicheur : « Juste pour ça, ça vaudrait presque la peine que je m'y remette, que j'use mes semelles de nouveau sur les planches, si seulement j'en étais capable ! » Question suivante.

J'avais dix-neuf ans, en 1982, quand Glenn Gould est mort. Je n'ai jamais eu l'occasion de le rencontrer et n'avais alors entendu aucun de ses disques. Mes goûts musicaux, à l'époque, me portaient plutôt vers les Clash et Elvis Costello que vers Bach ou Beethoven. Comme la plupart des gens, j'en suis venu à le connaître, si je peux utiliser ce mot, par l'entremise de son œuvre enregistrée et de ses écrits. Depuis la mort de Gould, le monde de la musique, ou plutôt la façon dont le monde fait l'expérience de la musique, a connu des bouleversements importants. Le plus notable est l'accès facile à la musique enregistrée et son corollaire immédiat, le brassage mondialisé des matériaux musicaux. Gould aurait approuvé ces deux évolutions : la première parce qu'elle affirme la primauté de la musique enregistrée sur la musique de concert ; et la seconde, parce qu'elle bouscule l'idée de *progrès* que tend à promouvoir l'historiographie musicale en ordonnant, dans une sorte de récit définitif, la succession des écoles et des périodes. Ce que nous pourrions appeler le monde musical post-historique — le monde où nous vivons — est celui que Gould avait anticipé et prôné. En revanche, cet homme à l'esprit kaléidoscopique, contradictoire, fébrile et brillant se présentait comme un puriste et déplorait la corruption de la musique par le commerce.

Musicien. Artiste. Génie. Excentrique. Trésor national. Célébrité. Gobeur de pilules. Hypocondriaque. Ermite. Icône. Puriste. Nordique. Blagueur. La vie de Glenn Gould a été racontée de nombreuses fois et d'excellentes façons. Ces reconstitutions épousent, pour la plupart, les conventions propres au genre biographique; il y a de bonnes raisons de procéder autrement.

Gould lui-même était bien conscient du caractère fictif des récits biographiques et du piège qu'ils représentent. Son goût du jeu ne se limitait pas au clavier; il aimait jouer à changer d'identité en s'interviewant lui-même, en rédigeant des critiques imaginaires sous des pseudonymes fantaisistes, en revêtant des costumes, en jouant des personnages et en imitant des accents durant de longues séances de chahut dans les studios d'enregistrement et dans les studios de la radio et de la télévision. Sa décision de ne plus donner de récitals — décision qu'il voyait comme un pas en avant, comme un moyen de privilégier l'enregistrement d'interprétations véritables plutôt que le ressassement d'un répertoire de concert limité — lui permit de se retirer de l'espace public et de se draper dans un séduisant mystère. Il ne serait plus présent que par ses enregistrements et ses écrits.

Privé de la personne en chair et en os, le public se mit à fabriquer une multiplicité de Glenn Gould, une série de Gould-fantômes, fragmentaires et nébuleux. Le personnage fut également démultiplié par la diversité des regards portés sur lui à travers le temps. Chaque génération d'interprètes après Gould a dû se mesurer au niveau élevé qu'il imposa; et chaque génération d'auditeurs a dû réfléchir à sa décision de privilégier l'enregistrement aux dépens du concert. À l'époque où il décida d'abandonner la scène, cette question était chaudement débattue, avec une sorte de véhémence qu'on pourrait qualifier de mcluhanienne. L'observateur d'aujourd'hui peut trouver ce débat inutile, ou même absurde, mais c'est seulement parce que Gould était en avance sur son temps, parce qu'il était un pionnier dans l'exploration de ces questions. Ce serait une erreur de chercher à résoudre cette double multiplicité — multiplicité de Gould et multiplicité des temps de réception — en concevant une image unifiée de sa personne. Cette réduction serait non seulement déprimante, mais viciée d'office ; pour reprendre les mots d'un écrivain, ce serait comme enfermer « une vie tout entière [...] en quelques centaines de pages, [...] dans un pot tel un chutney fait maison[3] ».

Mais il y a plus que cette objection courante, qu'on peut adresser à n'importe quelle entreprise biographique. Traversée de part en part par la musique, la vie de Gould témoigne éloquemment du caractère fictif d'un moi unifié, qu'il s'agisse du moi qu'on attribue à autrui ou du moi qu'on s'attribue à soi-même. La première illusion consiste à croire qu'on pourrait interpréter correctement, voire de manière simplement convaincante, l'existence d'une personne. J'entends ici la notion d'un moi singulier qui recèlerait l'image la plus juste de Gould, qui « éclairerait » le sens de son génie mystérieux et de toutes les excentricités qui en seraient la marque. Cela a été tenté, mais on peut constater qu'il en a résulté des interprétations multiples.

La seconde illusion est plus profonde et plus répandue : c'est la fiction qui nous permet d'abriter notre conscience au sein d'un moi singulier, de concevoir notre existence comme un tout unifié et d'avoir recours à une représentation constante de nous-même. Ces deux illusions se soutiennent mutuellement en nous faisant croire que la vie d'un individu devrait être reconstituée selon un schéma linéaire parce qu'elle a été vécue ainsi. Mais il en découle qu'elles peuvent aussi s'effondrer l'une à cause de l'autre. L'impression que notre moi ne serait pas aussi stable que ne le dit la fiction du moi unifié invalide alors toute tentative de vouloir *expliquer* l'autre. Soumettre Gould aux exigences d'un récit linéaire, c'est passer à côté de ce que Gould peut nous enseigner.

Glenn Gould était bien conscient de l'interaction entre ces deux illusions. S'il visait la linéarité en musique, il cherchait plutôt à la miner dans sa vie même. Nous pourrions d'ailleurs supposer que sa quête sur le plan musical était une forme de réponse à un manque ressenti sur le plan de la vie, le produit d'une conscience tragique de la contingence. Cette philosophie de la multiplicité apparaît ici et là dans les écrits et les propos de Gould, bien qu'il ne l'expose nulle part explicitement, peut-être parce qu'il savait intuitivement qu'incarner l'instabilité du moi est plus attirant, et certainement plus plaisant, que la théoriser.

Qu'on ne puisse se fier à des schémas explicatifs fondés sur le principe de la succession ni en musique ni dans la vie, et que ces derniers seraient même frauduleux, est un thème qui revient de façon récurrente dans ses écrits, qui abondent en intuitions lumineuses et en théories échevelées. Par exemple, bien qu'il fût convaincu au début de sa carrière qu'une posture néotraditionnelle convenait à l'époque moderniste, idée qui allait alors à contre-courant, Gould vint ensuite à se méfier de toute généralisation à propos des écoles et des mouvements. À ses yeux, il s'agissait de simples étiquettes journalistiques, du fonds de commerce de l'historiographie musicale, comme il l'affirmera plus tard. En revanche, la philosophie musicale de Gould — et c'est essentiellement en tant que philosophe de la musique que je m'intéresse ici à lui — reposait sur un principe unificateur, sur l'idée que l'architecture ou l'ossature est la dimension la plus importante de la musique et que l'interprétation d'un morceau a pour but de révéler la beauté de cette structure. Non pas la modulation, ni le timbre, ni la couleur, ni le ton. C'est pourquoi, dans son jeu, les articulations et les phrasés ont une importance capitale — « comme une radiographie révélant le squelette », disait-il ; et c'est pourquoi il était aussi attiré, et d'une manière tellement émouvante, par l'œuvre profuse de J.-S. Bach, dont la complexité structurale permet une grande liberté d'interprétation. Quoiqu'il ait toujours rejeté l'étiquette de « spécialiste de Bach », Gould a interprété ses œuvres et celles des autres maîtres de la fugue et du contrepoint bien plus souvent que celles des trente et quelques compositeurs canoniques qu'il a aussi enregistrés.

C'est cet amour de la ligne qui l'amena à déclarer qu'interpréter le maître Tudor William Byrd lui apportait un « grand contentement » ou encore, à trois occasions connues au moins, qu'Orlando Gibbons était son « compositeur préféré, certainement le compositeur auquel je m'identifie le plus, sur un mystérieux plan spirituel que je ne chercherai pas à expliquer ». En réponse au magazine *High Fidelity* qui lui demandait en 1970 d'énumérer les disques qu'il emporterait avec lui sur une île déserte, Gould affirma que son premier choix serait un enregistrement des hymnes et madrigaux de Gibbons par le Deller Consort, « parce que depuis ma plus tendre enfance cette musique (et depuis près de quinze ans cet enregistrement-là du Deller Consort) m'a ému davantage qu'aucune autre expérience sonore à laquelle je puisse songer. En réalité, il s'agit là du seul disque de ma collection dont j'aie littéralement usé trois exemplaires à force de les écouter[4] ».

Ces compositeurs élisabéthains ont peu écrit pour le clavier, et Gould n'a enregistré, hélas, qu'un seul disque de leurs œuvres — hélas, car son jeu y est à son meilleur, tout autant émouvant que réfléchi. On pourrait prendre son attachement à Gibbons et à Byrd pour une simple passade en regard du long dialogue qu'il a entretenu avec Mozart et Beethoven à travers ses interprétations, deux compositeurs qu'il affirmait ne pas aimer, ou de sa méditation approfondie sur le génie contrapuntique de Bach. Mais Gibbons et Byrd — « les deux maîtres du Nord », comme il les appelait, terme des plus élogieux sous la plume de cet amoureux des climats nordiques et des froides solitudes — offrent des compositions épurées, d'une élégance presque mathématique même quand elles annoncent de futurs bouleversements dans l'évolution de l'art musical. Selon les mots de Gould, ces œuvres sont « un rappel des antécédents du monde moderne dont on [pourrait] se nourrir d'une manière toute différente de celle qui avait été décrétée par les traditions de l'après-Renaissance[5] ».

Gould se montra particulièrement frappé par le surgissement inopiné d'un *si* bémol dans un morceau de Byrd intitulé *Sellinger's Round*. Il y vit une nouveauté dans la musique des Tudors, nouveauté annonciatrice d'évolutions ultérieures. Il avança l'idée que les deux compositeurs partageaient « un idiome identique » mais des « attitudes » différentes, Gibbons étant à Byrd ce que le lugubre Mahler était à l'exubérant Richard Strauss. À eux deux, ils révèlent cette beauté de la ligne qui enfanta l'amour de la musique chez Gould, cet amour qui le fit choisir la carrière de musicien. En tant que compositeurs « fin de siècle », Byrd et Gibbons se trouvaient à une période de transition — celle de « l'essor d'une pratique harmonique vite codifiée et qui prit le nom de tonalité ». Gould en tirait une délectation évidente compte tenu de sa propre situation en fin de millénaire. Ce que nous tenons aujourd'hui pour acquis, soit un ensemble déterminé de gammes et de tonalités, a été entrevu par ces deux génies mineurs. Qu'est-ce que Gould lui-même a entrevu durant la période de transition qui a été la sienne et que nous tenons aujourd'hui ou tiendrons bientôt pour acquis ? C'est à cette question que j'essaierai de répondre dans ce livre.

Il faudra cependant, pour cela, nous engager sur un terrain accidenté. L'histoire de la musique et la musique elle-même sont habituellement conçues à la lumière de *l'expérience de la conséquence.* Elles offrent des récits de succession temporelle répondant au principe de l'enchaînement causal. Aussi utiles ou nécessaires soient-ils, ces récits sont en réalité illusoires. Ils plaquent sur chaque segment temporel un sens supérieur qui lui échappe[6]. De même, tout récit biographique est une mise en forme illusoire de la causalité. C'est pourquoi j'ai choisi de raconter l'histoire de Gould — c'est-à-dire un ensemble d'idées touchant la perception, la conscience, le temps et le silence — non pas comme une histoire en tant que telle mais comme un même objet considéré selon plusieurs points de vue.

Le film de François Girard, *Trente-deux films brefs sur Glenn Gould* (1993), présente aussi le pianiste à partir de points de vue multiples. Pourquoi trente-deux? Les inconditionnels de Gould connaissent la réponse. Les *Variations Goldberg* de Bach[7], œuvre prétendument composée pour guérir les insomnies d'un aristocrate de Dresde, le comte Von Keyserlingk, et destinée au claveciniste de sa cour, Johann Gottlieb Goldberg, sont constituées de trente variations. Liées par le rythme et la tonalité, les variations s'inspirent de l'aria de trente-deux mesures — lequel date de 1725 et pourrait avoir été composé par l'épouse de Bach — exposé en ouverture et repris à la fin de l'œuvre. Ces variations sur un même thème n'offrent pas seulement un exemple superbe de l'art de la composition, elles sont l'une des œuvres les plus diaboliquement difficiles qui aient jamais été écrites pour le clavier.

Structurées autour de neuf canons où l'intervalle va chaque fois croissant, les variations mêlent les trilles subtils aux déconstructions élaborées du thème. Comme dans la chaconne et la passacaille, les variations de la basse (plutôt que de la mélodie soprano) placent cette œuvre dans la catégorie des *ruggieri,* mais avec quelques inversions irrégulières que Bach dissémine ici et là, ce qui donne à l'œuvre le caractère d'une « passacaille en clair-obscur », selon le mot d'Albert Schweitzer. Avec la reprise de l'aria initial en coda, nous obtenons ainsi trente-deux œuvres en une : l'exposition du thème, les variations et le retour du thème. Selon Gould, il s'agirait de « la mise en œuvre la plus brillante de toute l'histoire d'un thème de basse[8] ». (Les trente-deux séquences du film ne reproduisent pas à la lettre la structure des *Variations*, mais il s'agit d'un bel exemple de biographie fragmentaire.)

Comme on le sait, Gould a produit deux enregistrements des *Variations*. Le premier a été réalisé entre le 10 et le 16 juin 1955, dans les studios de la Columbia de la 30e Rue à New York. Il fut accueilli par des louanges unanimes et confirma sa naissante réputation de concertiste. Le second date de 1981 et a été capté dans les mêmes studios, durant les mois d'avril et mai, juste avant que ne soit annoncée la décision de les démolir et une année seulement avant sa mort, à l'âge de cinquante ans. Les deux versions ont été abondamment comparées. La façon la plus simple de résumer leurs différences consiste à dire que la version de 1955 est celle d'un jeune homme alors que la version de 1981 est celle d'un homme mûr. La première est arrogante, presque impertinente, pleine de démonstrations de bravoure et de froide dextérité ; le ton général est brillant mais un peu monochrome. La seconde, que Gould enregistra parce qu'il voulait de nouveau tenter de dégager l'ossature de l'œuvre, est plus lente, plus chaleureuse, presque élégiaque ; l'unité de la basse apparaît plus clairement, de même que les rubatos et les possibilités dynamiques du piano. Clairement audible même sur un appareil audio de piètre qualité, son fameux fredonnement apporte une sorte de contrepoint harmonique à la percussion des touches ; l'homme et l'instrument sont unis dans l'interprétation.

Du moins, telle est la vision que nous pouvons être tentés d'avoir avec le recul. La préférence qu'on accorde à l'un ou l'autre enregistrement est affaire de goût, de tempérament ou d'âge. Parfois elle varie selon le moment de la journée.

En 1955, durant la première de ses innombrables séances d'enregistrement en studio, Gould se débattit non pas avec les aspects techniques mais, comme si souvent ensuite, avec la création d'une version qui serait fidèle à la vision qu'il avait de l'œuvre et de sa logique. Les ingénieurs de la Columbia — qui livreraient plus tard des témoignages parfois exagérés des excentricités du jeune Canadien : le trempage rituel des mains dans l'eau chaude, sa posture étrangement voûtée, son affection pour l'eau minérale Polar et les biscuits à l'arrowroot — furent d'emblée impressionnés et agacés par son perfectionnisme. Ce travail acharné en studio allait prendre une place grandissante, et à certains égards destructrice, dans la vie de Gould. Ses excentricités furent rapidement utilisées à des fins publicitaires : le 25 juin, un communiqué de presse de la Columbia évoqua malicieusement les « rituels, manies et caprices » de sa jeune star, incluant les bouteilles de pilules et les trempages de vingt minutes en eau chaude. Sans oublier la chaise pliante, décrite comme « sa variation (Rube) Goldberg* », dotée de quatre pattes réglables : « Les sceptiques

* Ce jeu de mots renvoie à l'ingénieur et *cartoonist* Rube Goldberg,

19

du studio pensaient que c'était là le summum de l'extravagance, et ce, jusqu'à ce que l'enregistrement eût commencé. On vit alors Glenn ajuster l'inclinaison de sa chaise avant d'entamer ses quelque peu incroyables passages à mains croisées des *Variations*[9]. »

Les notes qui accompagnent le disque constituent le premier écrit important de Gould. Il y expose ses conceptions brillantes quoiqu'un peu exaltées :

> Nous avons, également par l'analyse, observé que le contenu thématique de l'*Aria* révèle des dispositions tout aussi exclusives, que l'élaboration mélodique de chaque variation sécrète des lois qui ne sont applicables qu'à elle-même et que, par conséquent, il n'est pas de séries de variations successives qui utilisent des principes de construction similaires, tels que ceux qui donnent leur cohérence aux Variations de Beethoven et Brahms. Et pourtant, nous sentons bien — l'analyse ne nous était ici d'aucun secours — qu'il existe là une intelligence coordinatrice fondamentale que, faute de mieux, nous avons qualifiée d'« ego ». Nous sommes dès lors contraints de réviser nos critères, lesquels sont singulièrement défectueux pour arbitrer cette union de la musique et de la métaphysique qu'est le royaume de la transcendance technique[10].

Gould allait produire de nombreux manifestes et arts

---

connu pour ses dessins humoristiques d'appareils complexes chargés d'exécuter des tâches simples *(N.d.T.)*.

poétiques tout au long de sa carrière. Il affectionnait tout particulièrement cette forme littéraire, comme le personnage d'Evelyn Waugh, dans *Hissez le grand pavois,* dont nous apprenons qu'il « s'était toujours plutôt spécialisé dans les manifestes. Il en avait rédigé un au lycée, puis il en avait rédigé une douzaine à l'université. À la fin de sa vingtaine, lui et ses copains Hat et Malpractice avaient même envoyé une invitation à une fête sous la forme d'un manifeste. C'était l'une des nombreuses raisons pourquoi il s'était toujours tenu loin du communisme, parce que quelqu'un d'autre que lui en avait rédigé le manifeste ». Gould ne surmonta jamais tout à fait cette tentation du jeune homme pourvu d'un penchant intellectuel qui tient à énoncer ses convictions afin de mettre un peu d'ordre dans la réalité. Quoique d'une lecture typiquement ardue, le passage cité exprime de la manière la plus claire qui soit la conception que Gould avait de lui-même en tant que musicien et, notamment, en tant qu'interprète de Bach. Le secret de sa vie en tant qu'artiste réside quelque part dans cette tension entre l'analyse et l'intuition, entre le besoin de dégager une cohérence architecturale et la prescience d'une intelligence sous-jacente.

Quoiqu'il ne s'agît pas de la partie la plus difficile des *Variations* sur le plan technique, l'obsédant aria se révéla particulièrement coriace. Gould n'arrivait pas à le jouer correctement alors qu'il avait réussi l'enregistrement d'autres parties contenant des chevauchements et des transitions autrement plus ardus. Il enregistra vingt prises en vain. À la vingt et unième, il se montra enfin satisfait. « Les vingt premières prises avaient en fait servi à gommer toute expression superflue de la lecture que

j'en faisais, et il n'y a rien de plus difficile à réaliser[11]. »
L'aria que nous entendons sur disque montre Gould dans
sa quintessence : l'assurance technique annonce une virtuosité époustouflante, une interprétation d'une précision presque clinique. Si nous ne connaissons que cette
seule version, nous ne devons pas oublier qu'il existe en
fait vingt et une versions du morceau d'ouverture. L'une
d'elle a été retenue et constitue la version officielle. Pour
y arriver, il aura fallu vingt autres versions. Où et comment survivent-elles ?

Ce ne serait donc pas trente-deux variations, mais
vingt et une prises : une partition et différentes interprétations en quête d'une version satisfaisante, celle qui sera
gravée puis diffusée.

Plusieurs biographes ont cherché les causes des
excentricités de Gould dans sa musique et vice-versa.
Quelles que soient les conclusions auxquelles ils arrivent,
celles-ci partagent la présomption qu'il importerait de
dégager un sens unifié, de trouver le fil conducteur qui
traverse la vie du sujet. Or la vie, comme Gould le savait
bien, n'épouse pas ces schémas de progression linéaire ; et
s'il se vouait au culte de la ligne dans les compositions
musicales, il considérait avec hostilité le sens créé par ces
récits linéaires.

Je prends cette hostilité de Gould très au sérieux. Sa
vie et son travail ne se réduisent pas à quelque thème
unificateur, à une cadence qui se résout à la tonique.
Ses idées sur la musique gouvernent sa vie, mais elles
sont contradictoires, paradoxales, malicieuses et volontairement provocatrices. En réfléchissant à la forme
appropriée pour cette biographie philosophique, j'ai

décidé de renoncer à la forme narrative traditionnelle et d'adopter plutôt une approche kaléidoscopique. Chaque chapitre — ou chaque prise — présentera ainsi une version de Gould, version forcément partielle, inachevée. Joué et rejoué, chaque fois de manière un peu différente, mais en cherchant toujours la justesse des aperçus, Gould sera le sujet de cette séance d'enregistrement bio-philosophique[12].

2

Silence

La musique émerge du silence, puis s'y résorbe. Le silence se tisse dans l'espace entre chaque note ; sans lui, les notes ne pourraient pas exister. La musique recherche et fuit le silence à chaque instant. C'est ainsi que ces instants se créent, dans les tractations du présent qui s'avance dans l'avenir en cherchant sa ligne. Tous les silences ne sont pas identiques et cela ne tient pas seulement à leur durée ni à leur emplacement. Comme nous le rappelle un critique musical, « le silence aussi peut être plagié[13] ».

La vie émerge de l'inexistence avant de se résoudre dans la mort. Elle se soutient elle-même à travers le temps. Une image ancienne, celle d'un oiseau traversant la salle où se tient un banquet, illustre ce parcours. Entrée, présence fugace et sortie. La conscience naît du rapport inquiet de la mémoire avec le néant qui encadre nos existences. Qu'est-ce que le silence entre les notes ? Qu'est-ce qu'une personne avant ou après sa mort ?

La vie nue n'est pas le moi. Le moi représente un fardeau autant qu'un accomplissement, un boulet d'exigences et de responsabilités que nous traînons toute notre vie, durant tout le temps de notre vie. Le moi peut être un accusateur, un traître, un enfant difficile. La distance qui me sépare de ce fardeau est la même qui sépare la vie telle que je la ressens du moi tel que le perçoit l'autre — celui qui me voit, qui me juge. Le fardeau provient aussi de la conscience d'un autre écart : celui qui sépare le moi tel que je le vis et le simple fait d'exister, l'indicible être-là de l'existence[14]. Ce fardeau découle d'une sorte d'effet d'autoaliénation. La conscience de cette aliénation existentielle est ce qui donne naissance à la honte, à la responsabilité, au désespoir. Peut-être aux trois à la fois.

Chacun peut accéder à cette prise de conscience : c'est le prix à payer de l'autonomie. Nous sommes tous des interprètes, nous devons tous exhiber notre propre personnage jour après jour, spectacle après spectacle. Or s'il fut un joueur, un interprète entre tous, au-delà du sens existentiel que nous partageons tous…

Glenn Herbert Gould est né le 25 septembre 1932, fils unique de Russell Herbert Gould et Florence Emma Gould (née Grieg — elle était une lointaine cousine du compositeur norvégien Edvard Grieg). Les parents de Glenn étaient tous deux musiciens, quoique pas à titre professionnel. Ils jouaient et chantaient à l'église ou à l'occasion d'activités sociales. Herbert était vendeur pour l'entreprise familiale de fourrure, Gold Standard Furs. Ils vivaient au 32, Southwood Drive, à Toronto, dans le quartier nommé The Beaches, enclave alors largement anglo-protestante et blanche. Situé à quelque distance du cœur de la ville, ce quartier était particulièrement isolé durant les mois d'hiver face au long paysage maussade du lac Ontario aussi vaste qu'un océan.

La famille possédait aussi une maison au nord de Toronto, au lac Simcoe. Gould y trouva, à divers moments de son existence, une grande source de consolation ainsi que la solitude qu'il recherchait. Au milieu de sa vie, elle fut pour lui un havre de paix, généralement en hiver, quand les solitaires endurcis n'ont pas à cohabiter avec les vacanciers. Les choses furent un peu plus compliquées dans sa jeunesse. Contrairement à son père, qui était un passionné de pêche à la mouche, Glenn ne trouva jamais dans cette activité une forme de silence qu'il pût apprécier. À l'âge de six ans, durant l'été 1939, il attrapa le seul et unique poisson de sa vie en compagnie d'un voisin et de ses enfants. Mais il succomba du coup à une crise de détresse, qui le fit secouer la barque dans tous les sens : « J'envisageai brusquement et complètement la chose du point de vue du poisson », se souvint-il plus tard. Cette crise gâcha l'expédition, en plus de lui valoir l'inimitié de ses camarades. « Je me mis sur-le-champ à travailler mon père pour le convaincre de renoncer à la pêche. Cela me prit dix ans, mais c'est probablement la plus grande chose que j'aie jamais réalisée. » Plus tard dans sa vie, il se montra encore plus déterminé en vrombissant autour du lac dans son hors-bord, vêtu de sa casquette et de son pardessus, dans le but de déranger tous ceux qui taquinaient la perche et l'achigan au sud de l'Ontario[15].

Gould entra en deuxième année à la Williamson Road Public School, après une année de tutorat privé. L'école l'ennuyait ; il y était la cible d'intimidations réelles et imaginaires. Il sauta sa troisième année. À cinq ans, il avait annoncé qu'il deviendrait un grand compositeur. Ses contemporains de l'East End se souviennent d'un garçon intelligent et excentrique, qui avait un sens aigu du destin impressionnant qui l'attendait. Gould entra plus tard au Malvern Collegiate Institute, où il fut bon élève ; mais il n'obtint pas son diplôme car il refusait de passer l'examen obligatoire d'éducation physique. Il étudia la musique au Conservatoire de Toronto (rebaptisé Conservatoire royal de musique), dont neuf années avec le professeur Alberto Guerrero. Il prétendra ensuite être un autodidacte ; il ne prit jamais d'élèves de piano.

Il passa sa vie à jouer, d'abord devant public et en studio, puis en studio seulement. Il ne se maria pas, mais eut au moins une relation importante, quoique avec une femme mariée, de 1967 à 1971. Elle déménagea à Toronto avec ses deux enfants et vécut près de Gould, mais finit par retourner auprès de son mari. Gould la demanda en mariage, mais elle refusa. Pendant deux ans après leur séparation, il l'appela tous les soirs au téléphone. Elle réussit à le convaincre de ne plus appeler et ils ne se revirent jamais.

Glenn Gould mourut le 4 octobre 1982, quelques jours seulement après son cinquantième anniversaire. Quelques-unes de ses connaissances affirment qu'il avait prédit que sa vie se terminerait au bout d'un demi-siècle. Il est assez clair qu'il précipita cette mort de plus d'une manière.

Commencement et fin.

3

Fiction

On pourrait dire de toute personnalité qu'elle est une fonction mais aussi une fiction de la mémoire. Nous ne pourrions pas être nous-mêmes sans nous rappeler notre passé, chaque matin, en retrouvant l'état de veille. Cependant, la mémoire est fragmentée, brumeuse, déformée et peu fiable ; mais c'est tout ce que nous avons. Supprimons la mémoire et notre égarement temporel est total, notre sens de la durée et de l'écoulement détruit. Nous nous perdons dans l'intemporalité. Cela correspond sans doute à cette non-expérience ou à cette absence de la conscience que nous appelons la mort.

Paradoxalement, nous recherchons dans notre vie cette intemporalité : ce sont les moments de transcendance ou d'effacement du moi. En fait, il ne s'agit pas réellement de moments ou d'instants, car ils ne correspondent pas à une expérience vécue de la durée. Il s'agit plutôt de hors-temps au sein du temps ; et ils balisent notre vie aussi sûrement que son commencement et que sa fin.

Le thème et ses variations, l'attente et sa résolution :

la musique révèle son architecture en s'incarnant dans la durée. Nous sentons qu'un mouvement se construit, qu'un certain problème se dessine. Notre esprit habitué aux manières de la musique anticipe les développements possibles. La musique nous rend ainsi sensibles à notre avancée vers l'avenir avant que celui-ci ne soit advenu. Quand cela se produit — quand l'avenir anticipé devient l'expérience du présent —, le passé se transforme en signification, en quelque chose qui ressemble (mais pas complètement) au sens. Le temps musical est un temps de conversion : il transforme la succession en progression. Anticipé puis éprouvé, le silence à la fin de chaque morceau équivaut à la conclusion du poème ou à l'espace blanc à la dernière page du livre. Il n'y aurait pas de musique, pas de poème, pas de livre sans cela qui le délimite, sans la ligne finale qui est tirée, sans le néant à venir. C'est ainsi que se constitue le sens, à travers le temps, par l'expérience de la causalité — en tant que conséquence, en tant que chose inévitable.

J'ai laissé entendre que la biographie, comme l'histoire, est une forme de récit causal. Elle s'impose ainsi à elle-même une tâche simple en apparence mais difficile. Elle cherche à résoudre le caractère contingent de la personnalité, son égarement dans le temps, en voulant transformer la succession en progression — ce que Paul Ricœur, maître de la narratologie, a appelé la *mise en intrigue* du soi au sein d'un récit unifié[16]. La biographie affirme : voici pourquoi cet individu est devenu cet artiste singulier (ou cet homme d'État ou ce philosophe). Sans être fictive, elle relève ainsi de la fiction. Considérons par exemple le problème général de la progression, qui s'applique pareillement à la musique, aux histoires et aux personnes.

« Bien que nécessaire, l'expérience d'un enchaînement linéaire et "organique" des événements est une illusion », affirme Slavoj Žižek. L'illusion masque le fait que la cohérence, et donc le sens, sont reconstitués rétroactivement à partir du point de vue de la fin. Voilà précisément ce qu'est une fin ; c'est le point où je peux me retourner et masquer la « contingence radicale » du récit que j'élabore en le plaquant sur les événements, sur des instants qui auraient pu être différents. « Mais si cette illusion est le produit même de la narration linéaire, se demande Žižek, comment rendre visible la contingence radicale dans l'enchaînement des événements ? La réponse est peut-être évidente : en procédant à rebours, en présentant les événements à reculons, à partir de la fin jusqu'au commencement[17]. »

C'est dans les formes d'art fondées sur le temps, là où l'histoire peut être présentée à reculons, que nous trouvons de lumineux contre-exemples de récits à rebours : entre autres dans les films *Betrayal* (1983) de Harold Pinter et *Memento* (2000) de Christopher Nolan. Mais là encore, les morceaux de narration, aussi fragmentés et réordonnés soient-ils, ne peuvent que se dérouler « vers l'avant » (à l'exception des courtes séquences initiale et finale de *Memento,* qui sont présentées au ralenti et à reculons). Inverser la fin et le début permet de souligner la puissance de l'anticipation narrative ; mais cela ne la remet pas vraiment en question.

L'impulsion fondamentale de tout récit réside dans la succession : il est arrivé ceci, puis il est arrivé cela. Dans la *narration nue,* telle qu'on la trouve chez les enfants ou chez les personnes ennuyeuses, la succession est privée de causalité et se trouve réduite à la simple affirmation d'une succession : et puis, et puis, et puis. Le manque qu'on ressent face à ce type de récit permet d'illustrer la fameuse distinction que pose E. M. Forster entre l'histoire et l'intrigue : la reine mourut, puis le roi mourut est une *histoire*; la reine mourut, puis le roi mourut de chagrin est une *intrigue*. La *narration ornée,* c'est-à-dire l'intrigue, repose sur la démonstration d'un enchaînement entre les événements, sur la mise au jour d'une conséquence. C'est seulement à cette condition que nous pouvons éprouver la satisfaction que promet toute narration, le sens d'une *fin appropriée.*

Toute narration suppose cela même qu'elle prétend trouver, c'est-à-dire le sens sous la forme d'une structure conséquente : pas seulement *et puis, et puis,* mais *et puis, donc, et puis; et puis, donc, et puis.*

Considérons le cas de la musique. Il est possible de reproduire les notations qui traduisent la musique de la même manière qu'on reproduirait les symboles qui forment une narration ou un raisonnement, sauf que la logique de la causalité musicale ne peut être dévoilée que dans le jeu. La structure complexe des *Concertos brandebourgeois* peut être constatée sur partition, mais elle ne sera réellement appréhendée que dans l'expérience temporelle qui consiste à écouter les notes dans la durée, les motifs et métamotifs qui se déroulent d'un silence à l'autre. Et puis *donc* et alors. Et alors *donc,* et puis. L'histoire se déroule. Le raisonnement court.

Tout morceau se résout dans l'écoute, par le jeu, mais

la tension sous-jacente ne disparaît pas. La structure que nous percevons dans un morceau réside-t-elle dans le morceau lui-même ou dans notre désir qu'il possède un sens, que l'histoire veuille dire quelque chose?

Faut-il s'étonner que la vie de Gould, de plus en plus solitaire et excentrique, puisse résister à toute résolution facile? Ou bien qu'elle ait fourni le matériau de nombreuses fictions? La meilleure de celles-ci nous vient du roman de Thomas Bernhard *Le Naufragé*. Constitué d'un seul paragraphe, celui-ci se présente sous la forme d'un long monologue intérieur, le monologue d'un homme qui a étudié la musique avec Gould et dont le talent a été obscurci par son génie[18]. Wertheimer, un de leurs camarades, finit par se suicider à cause de l'exemple extraordinaire de Gould ou, plus exactement, parce que ce Gould fictif, avec « cette parfaite franchise typiquement canadienne-américaine », s'adresse à lui en le qualifiant de *sombreur (Untergeher)*, et ce, alors que Wertheimer vient d'évoquer le souvenir de Gould attaquant les *Variations Goldberg* d'une manière prouvant hors de tout doute la différence entre génie et talent. « Elles avaient été composées, à l'origine, pour *la sérénité du cœur,* et près de deux cent cinquante ans après, elles ont tué un homme au désespoir [...]. La fatalité a voulu que Wertheimer soit passé devant la pièce trente-trois du Mozarteum au moment précis où, dans cette pièce, Glenn Gould jouait l'*aria,* comme on l'appelle[19]. »

Plutôt que de se suicider aussi, le narrateur décide de se tourner vers la philosophie — forme de suicide à versements échelonnés[20]. « Je me consacrerai dorénavant à la chose philosophique, pensai-je en me rendant chez le maître d'école, encore que je n'eusse naturellement pas la moindre idée de ce qu'était cette chose philosophique. » L'un de ces objets philosophiques est son essai *Sur Glenn Gould* — travail qu'il contemple et reprend sans cesse, avant de le détruire à cause de ses imperfections et de ses thèmes qui partent dans tous les sens : « *Glenn et la rigueur, Glenn et la solitude, Glenn et Bach, Glenn et les* Variations Goldberg, pensai-je. *Glenn dans son studio en pleine forêt, sa haine des hommes, sa haine des gens de musique,* pensai-je. *Glenn et la simplicité,* pensai-je[21]. »

Le présent ouvrage serait-il une tentative de rédiger cet essai *Sur Glenn Gould* ? Je ne peux le dire. Cependant, un fait demeure : le mystère Gould est entier. Quelle est l'interprétation correcte, la bonne histoire pour raconter cette vie et, qui plus est, une vie vécue en musique ? Comment créer l'attente et sa résolution ?

En recourant, peut-être, à la musique.

4

Mémoire

Où et comment existe-t-on ?
Le neurologue Oliver Sacks a exposé le cas terrifiant de Clive Wearing, musicien, musicologue et chef d'orchestre anglais, frappé en 1985, alors qu'il était dans la quarantaine, d'une encéphalite herpétique qui détruira toutes les cellules cérébrales gouvernant sa mémoire[22]. Comme le personnage de Leonard Shelby dans *Memento*, Wearing a hérité d'un état de conscience où sa mémoire ne pouvait se souvenir que des dernières secondes. (En fait, son état était pire que celui du personnage vengeur de Leonard joué par Guy Pearce, qui pouvait au moins se rappeler les minutes précédentes et garder le fil de l'intrigue meurtrière au moyen de tatouages aide-mémoire.)

Pour nous aider à l'imaginer, Sacks décrit longuement l'état presque inconcevable de Wearing, état qui ressemble à celui d'une mort vécue en permanence. Ainsi le musicien saluait ses amis à plusieurs reprises à l'intérieur d'une courte visite, comme s'il ne les avait pas vus depuis longtemps. Dans son appartement où il pouvait se déplacer librement, il ne savait l'emplacement d'aucun objet. Et s'il parvenait plus ou moins à tenir une conversation, ce n'était qu'en enchaînant thèmes familiers et illogismes. Son épouse Deborah était la seule personne qu'il reconnût de façon constante.

Cela, dois-je le préciser, c'est le Wearing fonctionnel. Pendant plusieurs années, il fut un homme abattu, suicidaire, mais sans la capacité de planifier, ni même simplement d'exécuter, son suicide. Le journal qu'il tenait durant cette période est composé de simples entrées espacées de quelques minutes qu'il raturait aussitôt, comme : « 14 h 10 : bien éveillé, cette fois », « 14 h 14 : enfin éveillé, cette fois », « 14 h 35 : complètement éveillé, cette fois ». Plus tard : « À 21 h 40, je me suis réveillé pour la première fois, en dépit de mes dires précédents[23]. » Même les dieux qui ont condamné Sisyphe n'auraient pu imaginer une sentence plus diabolique.

Cependant, il y avait la musique. Wearing n'avait gardé aucun souvenir des musiciens au sujet desquels il avait écrit ; il ne pouvait nommer aucune de leurs œuvres lorsqu'on les jouait devant lui. Toutefois, il pouvait encore jouer de la musique et diriger un orchestre. La musique émergeant du silence était son seul refuge, mémoire ou pas. La musique étant non figurative, selon le mot de Schoenberg, elle crée essentiellement de l'anticipation, de l'expectative, une promesse suivie d'une résolution. Nous disons de la musique qu'elle est un *médium temporel,* mais il serait peut-être plus juste de dire que le temps est un état *musicalement révélé.*

Clive Wearing aurait déjà oublié cette phrase avant que vous ayez terminé de la lire. Seule la musique réussissait à le contenir, à l'envelopper dans ses instants mesurés.

Sacks cite les *Quatre quatuors* de T. S. Eliot : « on est la musique / tant que la musique dure* ».

Pensez un moment aux rapports entre la mémoire, l'esprit et l'identité. L'histoire officielle ressemble à ceci : je ne peux être moi-même que si je réussis à me rappeler, d'un moment à l'autre et d'un jour à l'autre, l'histoire de mon moi, le récit de ma singularité. Enlevez cela et je ne suis plus moi ; je ne suis rien du tout. Mais la mémoire est une faculté complexe, et pas seulement parce qu'on peut distinguer la mémoire à court terme, la mémoire à long terme et la mémoire contextuelle. La dernière est la plus durable : Clive Wearing pouvait se rappeler que Margaret Thatcher avait été premier ministre — quoiqu'elle ne le fût plus à ce moment-là — mais il ne pouvait pas se rappeler à qui il venait de parler. La mémoire, cependant, ne se trouve pas que dans l'esprit ; ou plus exactement, l'esprit ne se trouve pas que dans la tête.

Inga et Otto vont au musée. Inga, qui est en bonne santé, a mémorisé le trajet pour s'y rendre. Souffrant d'une perte de mémoire, Otto a noté le chemin, car il sait que sinon il l'oubliera. Qu'est-ce qui les différencie ? Nous pourrions dire qu'Inga connaît le chemin contrairement à Otto qui l'a oublié. Mais les notes écrites d'Otto ne sont-elles pas comme une extension de son esprit et leur fonction n'est-elle pas identique à celle de la mémoire d'Inga ? Après tout, elle consulte sa mémoire comme Otto consulte ses notes. Pour s'orienter, nombre de gens s'appuient sur la mémoire photographique. Ainsi Inga pour-

---

* Traduction française de Pierre Leyris (*N.d.T.*).

rait se souvenir de l'image visuelle du plan qu'elle a consulté avant de partir. Les notes d'Otto font partie de son esprit, bien qu'elles existent concrètement ailleurs que dans son cerveau. Otto et ses notes forment ensemble un système cognitif à part entière[24].

Gould possédait une prodigieuse mémoire musicale, probablement la mémoire la plus développée de tous les musiciens de sa génération. Il est impossible de savoir comment elle fonctionnait précisément, mais nous pouvons tenter au moins quelques généralisations.

Les musiciens emploient rarement sinon jamais la mémoire photographique lorsqu'ils jouent : c'est-à-dire que, même s'ils ont appris un morceau à l'aide d'une partition plutôt qu'à l'oreille, ils ne font pas apparaître dans leur esprit l'image des notes sur la portée. La mémoire musicale est plus organique : c'est la sensation de la structure qui permet d'enchaîner les notes d'une manière fluide et adéquate. Un morceau ne peut être mémorisé que *dans le jeu,* et non d'un seul tenant. Jouer un morceau en lecture à vue suppose un feed-back cognitif complexe, où l'œil-cerveau analyse l'information tandis que le doigt-cerveau réagit d'une manière structuralement différente. Une part de la joie que nous éprouvons face aux grandes interprétations est de nature cognitive, elle dépasse largement l'admiration pourtant réelle que nous portons à la simple dextérité ou à l'assurance dans l'attaque et le relâchement des notes. Que ce soit de mémoire ou avec une partition, le jeu de piano est une démonstration du pouvoir de l'esprit qui se déploie dans l'espace et dans le temps.

Il n'est pas d'esprit sans extension. La partition permet de conserver un morceau, de le fixer sur un support de sorte qu'il ne loge plus seulement dans la pensée. Ainsi il peut être communiqué à autrui. On peut en dire autant de l'enregistrement. Le ruban et le disque sont des extensions de l'esprit au même titre que le papier — voilà pourquoi l'esprit de Glenn Gould nous est accessible ; il a été archivé sur disque. En marge de la complexité et des innovations technologiques, nous sommes tous des Otto plutôt que des Inga : nous avons besoin d'instruments de notation pour faire fonctionner nos esprits. Qu'est-ce que l'écriture sinon le plus ancien et le plus puissant de ces outils ? Mais il faut ajouter que cet outil nous utilise autant que nous l'utilisons. Ou plus exactement, nous *sommes* cet outil. Nous désignons ces instruments de stockage comme des *médias* afin de décrire leur fonction d'aiguillage des mots, de la musique ou des images, leur position intermédiaire entre la source et la cible du sens. En fait, cet espace intermédiaire n'existe pas ; il n'y a pas de distance, seulement une extension. Le médium est l'esprit.

L'esprit est aussi le médium. Nous disons à propos des paroles ou des chansons que nous avons mémorisées que nous les *savons par cœur*. Les anciens Grecs situaient le lieu de la cognition dans le plus volumineux et le plus important des organes internes — le courage et l'identité logeaient dans le foie, cet organe essentiel, et c'est pourquoi les dieux punirent Prométhée, qui avait volé le feu, en le condamnant pour l'éternité à se faire dévorer le foie par l'aigle de Zeus. Le siège de la personnalité allait ensuite se déplacer vers le nord-est, du foie vers le cœur, où il s'est arrêté pendant des siècles. On a dit que « le cœur a ses raisons que la raison ne connaît pas », quoique nous désignions surtout par là les choses de l'amour. Savoir quelque chose *par cœur* signifie que nous le portons en nous. Délivré à partir du cœur, où il a été conservé, un doux cordial pour l'esprit. Quoi d'autre ?

Gould comprenait cela, comme Marshall McLuhan ; et il partageait probablement avec lui l'idée que le monde se transformait devant leurs yeux, qu'il passait d'une modernité fondée sur la primauté du visuel et la culture de l'écrit, sur la raison et le registre, à un temps postmoderne gouverné par l'espace acoustique et ses penchants électroniques pour l'émotion et la stimulation visuelle. Les deux hommes ne voyaient pas tout du même œil (et il n'y a pas de quoi s'en étonner de la part de deux ego oaussi imposants) ; mais ils reconnaissaient tous deux l'importance de l'extension de l'esprit tandis qu'ils élaboraient chacun de son côté une philosophie de la communication et de l'espace acoustique. Toronto, ville où ils résidaient pareillement, était alors un lieu vivant de réflexion sur la culture et la technologie — c'était aussi l'époque de Harold Innis et de Northrop Frye et du conservateur George Grant. Ils explorèrent à fond cette chose étrange qu'est la conscience et les façons dont la technologie, même sous la forme archaïque du clavier, parvient à nous révéler à nous-mêmes.

Cependant, ni Gould ni McLuhan ne mesuraient toutes les conséquences de cette intuition. Chez McLuhan la notion de média comme « extension technologique de l'homme » vise juste quant à la nature de cette extension, du désir qu'elle suscite, des instruments qu'elle utilise, de ses promesses radieuses et de ses noirs secrets ; en revanche, elle ne creuse pas suffisamment le mystère de cet esprit dont l'être humain a été gratifié[25]. Gould, lui, manquait un peu de rigueur dans la poursuite de ses frappantes intuitions et arriva ainsi à des conclusions confuses. Comme nombre de musiciens doués, il lui arrivait d'évoquer la musique qu'il entendait « dans sa tête », et c'est d'ailleurs en tant qu'écho incontrôlé de cette musique intérieure qu'il expliquait le fameux fredonnement qui accompagnait son jeu. Or le concept d'intériorité est ici déplacé ; il ne tient pas compte de la nature de la mémoire. La mémoire n'est pas cette vaste volière qu'imaginait Platon dans le Théétète, une réserve d'oiseaux voletant que nous essayons d'attraper avec plus ou moins de succès. La mémoire, comme l'esprit en général, est la forme concrète que prennent les mondes que nous envisageons. Ou plutôt que nous créons. Et ce faisant, nous découvrons qu'il y a quelqu'un d'autre à l'écoute.

Existence

M ais alors, où et comment la musique peut-elle exister?

Les notes telles qu'elles sont disposées sur la partition, sur ce document concret, sont-elles de la musique? Sûrement pas. Sinon, par analogie, nous serions obligés d'affirmer qu'un livre est la manifestation physique des caractères sur la page. Voulons-nous affirmer une telle chose?

Ceci est-il de la musique?

La musique est-elle la somme de ses interprétations et enregistrements, la vie défilante d'un morceau alors qu'il passe de la gestation à sa création à l'interprétation puis à son éventuelle canonisation? Cela semble plus convaincant.

Et pourtant, toute sommation brute des interprétations, si elle semble libérer la musique de la partition écrite, du carcan de la matière en l'infusant avec du temps, l'emprisonne inversement au sein de la temporalité. Dans cette optique, un morceau de musique ne serait jamais terminé ; son essence serait éternellement différée.

La musique serait-elle alors quelque chose de complètement différent ? Une réalité transcendantale, indépendante de toute interprétation ou de tout contenu, lesquels ne seraient que les véhicules ou le reflet de la musique véritable ? Selon ce point de vue, la musique s'apparenterait aux Idées platoniciennes ou, mieux encore, aux vibrations des sphères célestes alors qu'elles s'adonnent à leur danse cosmique, harmonieuse et éternelle. Ce que nous entendons en tant que mortels, le passage trivial de l'air qui fait vibrer l'anche, le crin d'un archet qu'on frotte sur un bout de boyau, une corde tendue qu'un bec pince ou qu'un marteau frappe habilement, ne sont que l'ombre ténue des accords divins. Au mieux, ces sons nous permettent de deviner les beautés d'un royaume qui échappe à l'oreille humaine.

Ou la musique serait-elle une forme de langage qui capte le sens dans le jeu du même et de la différence ? Nous entendons une note maintenant puis un peu plus tard, alors qu'elle ne remplit pas la même fonction ou ne possède pas la même signification. Nous voyons la même lettre dans ce mot et puis dans cet autre, nous entendons le même mot ici puis là. Le sens, en musique comme dans la langue, ne peut être réduit à aucun de ses éléments constitutifs. Il s'agit plutôt d'une propriété émergente liée aux structures itératives et réitératives, à l'exécution et la répétition.

Cela sonne juste, sauf que, quoique nous parlions parfois du langage de la musique ou que la musique rencontre parfois le langage — par exemple dans la poésie ou le chant choral —, la musique ne signifie pas réellement de la même façon que le langage. Sa singularité demeure; son sens est plus malléable. Comme l'écrit la poète et romancière Nancy Huston : « Si le sens est roc, la musique, elle, est roche : poreuse, comme ces pierres volcaniques[26]. » Il semble impossible de décomposer la musique, de la traduire ou de la rendre sous une autre forme. En fait, elle semble ne rien signifier du tout. (En irait-il de même de la poésie ? C'est ce que pensait Archibald MacLeish[27].)

Peut-être qu'aucune de ces fictions philosophiques, de ces chimères conceptuelles ne décrit adéquatement ce qu'est la musique ? Pourrait-il s'agir d'une propriété des fonctions cérébrales complexes, comme les relations en mathématiques ou l'intuition d'une composition juste ? La beauté que nous prêtons à un morceau ressemble à l'élégance d'une déduction logique : c'est la démonstration du rasoir d'Occam, alors que nous parvenons à la conclusion grâce au plus petit nombre d'étapes ou que nous préservons les fonctions d'un appareil avec un minimum de pièces mobiles. La musique possède une structure. Nous pourrions même affirmer qu'elle *est* une structure révélée par les sons. Nos esprits conscients, eux-mêmes structurés pour reconnaître des structures, réagissent à la musique comme un homme affamé face à de la nourriture. Le plaisir intense que nous éprouvons en percevant le jeu des motifs musicaux — thème et variation, anticipation et résolution —, c'est cela que nous voulons désigner quand nous affirmons que nous sommes émus par la musique.

La musique serait-elle plutôt un phénomène social et culturel, comme les rites et les religions auxquels elle est si souvent associée? Vue sous cet angle, la musique apparaît comme un système sémiotique complexe, un réseau d'interactions humaines. Elle a donc la faculté de déployer un large spectre de fonctions que nous pouvons ranger sous l'appellation contestée de *nature humaine*. Selon les travaux du neuroscientifique et musicien Daniel Levitin, la musique accomplit tout cela : elle facilite l'amitié, suscite la joie, transmet du savoir, apporte du réconfort, soutient la religion et communique de l'amour[28].

Tout cela est vrai. Mais qu'est-ce que cela nous dit au sujet de la *musique*? Les italiques signalent ici notre frustration de nous trouver face à une impasse. Plus nous cherchons à définir la musique, plus elle nous échappe. Nous savons certes quand nous en entendons. Nous en entendons d'ailleurs de plus en plus, partout et n'importe quand ; contrairement aux siècles passés, la musique est maintenant largement diffusée. À tel point qu'il est presque inconcevable d'imaginer un monde où elle ne ferait pas partie de notre vie quotidienne au même titre que le moteur à combustion ou l'eau courante — alors que sa rareté caractérisait autrefois la vie culturelle et individuelle. Mais qu'est-ce que nous croyons savoir en sachant cela?

Il est erroné de supposer que l'amour de la musique est universel. Le personnage de Kingsley Amis, Lucky Jim Dixon, représente certainement l'exception lorsqu'il se plaint d'être soumis à « cet écheveau d'infatigable facéties du dégoûtant Mozart », puis à « cette camelote de Brahms » et à « cette sonate pour violon de quelque raseur teutonique ». Pauvre lui, sommes-nous tentés de penser, du moins en ce qui concerne Mozart. Mais les démonstratifs « cet » et « cette » sont révélateurs : il ne s'agit pas ici de philistinisme, mais bien de jurons. Dixon invoque en vain le nom des compositeurs canoniques dans le but de lancer un cri du cœur, celui d'un homme qui consacre sa vie à se montrer ennuyé par les gens qu'il côtoie, notamment ses employés.

Et que dire de Vladimir Nabokov ? Dans *Autres rivages*, il écrit que la musique lui fait « purement et simplement l'effet d'une succession arbitraire de sons plus ou moins agaçants. […] le piano de concert et tous les instruments à vent m'ennuient à petites doses, et à plus fortes doses m'écorchent ». Sigmund Freud lui-même se présentait comme un amateur d'art, mais ne trouvait pas de plaisir dans la musique parce qu'« une disposition rationaliste, ou peut-être analytique, lutte en moi contre l'émotion quand je ne puis savoir pourquoi je suis ému, ni ce qui m'étreint ».

La plupart d'entre nous ne souffrent pas de cette lacune ou n'offrent pas cette résistance. L'amour de la musique traverse toutes les cultures — quoique à des degrés divers — et la grande majorité d'entre nous l'apprécions quotidiennement, souvent de façon profonde et sans réserve. Les anciens Grecs pensaient que la musique était céleste et éternelle, comme les mathématiques. Selon les sciences cognitives modernes, elle répondrait à notre « appétit pour la difficulté gratuite ». Les adolescents de partout savent que la musique est la forme la plus simple d'identité, fondée sur de délicates distinctions de goût.

Selon les vœux de Gould, la musique est aujourd'hui plus accessible que jamais ; il est plus facile d'en écouter à tout moment, et pas seulement telle ou telle musique, mais bien *toute* la musique. La trame sonore de notre quotidien nourrie par nos iPod est l'aboutissement logique de notre plaisir auditif instinctif et profond. À l'ère du téléchargement instantané de fichiers MP3, il semble presque inconcevable qu'on ait pu traverser jadis toute la ville en autobus pour rendre visite au gars, dans son sous-sol, qui possédait une discothèque bien garnie et des *sub-woofers* afin d'écouter *London Calling* ou *Armed Forces,* ou qu'on ait pu échanger entre amis des *mix* sur cassettes en y voyant la quintessence du *cool*[29]. Et combien plus bizarres encore nous paraissent les scènes, dans *La Montagne magique,* où un gramophone et une pile de disques transforment complètement la vie du sanatorium alpin imaginé par Thomas Mann.

Comme les puristes à l'époque où Gould renonça à la scène pour le studio, ceux d'aujourd'hui déplorent cette ubiquité en prétextant qu'elle aurait pour effet d'amoindrir l'estime que nous vouons à la musique. Rien ne permet cependant d'étayer cette affirmation. Hans Castorp passe et repasse un enregistrement du *Lindenbaum* de Schubert, et son amour du morceau est chaque fois renouvelé. Ce n'est pas tout. Pendant des siècles, les goûts musicaux ont été déterminés par le principe de l'accessibilité technologique. La musique ne pouvait être appréciée que par ceux qui avaient les moyens de la créer ; et ceux qui étaient davantage à l'abri des nécessités pouvaient créer une musique plus complexe. C'est ainsi qu'émergea en Europe un *bon goût* musical fondé sur les expérimentations formelles de la musique *classique* issue de la musique religieuse et la musique de cour. La musique s'émancipa ensuite de la liturgie et de la danse pour s'affirmer comme une fin esthétique en soi, une forme d'art. Elle devint sujette au désintéressement kantien — à l'idée qu'elle ne devait être appréciée pour d'autres motifs que sa seule beauté.

Mais cette idée d'un plaisir esthétique pur et non utilitaire témoigne d'une conception de classe plutôt que d'une propriété fondamentale de l'esprit. Elle établit la norme du *goût* d'un petit nombre (généralement fortuné) seul capable d'apprécier la musique de cette manière. Tout système de goût fondé sur la rareté se trouve fragilisé quand se transforment les conditions matérielles, et notamment les mécanismes de diffusion et d'accessibilité. Dans cette optique, les cérémonieuses soirées de concert auxquelles Gould s'objectait ne sont que l'ultime et morbide excroissance de cette aristocratie du goût. Faussement démocratiques et supposément ouvertes à tous, elles restent soumises au lexique du *bon goût* musical. On peut voir dans le désistement de Gould une dénonciation de l'énergie zombie des concerts classiques, rendue à son dernier spasme. Plus le goût canonique est menacé par une démocratisation réelle — comme celle de la musique populaire disséminée par la radio et les enregistrements —, plus il cherche énergiquement et désespérément à réaffirmer son autorité[30].

6

Génie

Nous recourons à la notion de génie pour expliquer ce que nous ne pourrions expliquer autrement. « Il n'y a point de génie sans un grain de folie », disait Aristote. Même notre monde gouverné par la science accorde foi à l'idée que le génie est un cadeau des dieux, le fruit d'une visite divine. Le mot *inspiration* signifie « souffle », « haleine », et même aujourd'hui, en notre époque plus incroyante et moins mystérieuse, nous éprouvons le sentiment que ceux qui font des choses qui nous dépassent respirent un autre air que nous, un air plus rare et plus pur.

La conception romantique du génie bouscule l'idée d'une folie divine et mystérieuse, qu'elle reprend sous une forme plus naturelle et moins explosive. Les génies doivent se révéler dès leur plus jeune âge — ou, du moins, c'est ce que tâchent de montrer les reconstitutions rétrospectives. Les œuvres de jeunesse de Mozart prêchent par l'évidence, de même que les esquisses de Picasso. Dans le cas de Gould, la preuve est plus mince : son père déclara que le jeune Glenn fredonnait au lieu de pleurer et qu'en étirant les bras il « pliait ses doigts presque comme s'il jouait une gamme ». Nous pouvons affirmer, avec un peu plus d'assurance, que Gould possédait l'oreille absolue dès l'âge de trois ans, comme tend à le prouver le fait qu'il reconnaissait les tonalités et les modulations — aptitude essentielle à cette vaste mémoire musicale qu'il afficherait plus tard et qui serait la pierre d'assise de son sentiment d'identité, d'une personnalité à laquelle il pouvait se fier.

Il faut reconnaître que l'oreille absolue ne garantit pas l'habileté à bien composer, ni même à composer tout court. Elle ne suffit pas et n'est pas non plus essentielle à la création musicale. Si Gould a composé ses premiers airs avant l'âge de cinq ans, dont quelques-uns ont été joués à son école ou à l'église, et montrait au clavier une grande exactitude, chantant les notes alors qu'il les jouait, ses propres essais à la composition à l'âge adulte peuvent être qualifiés au mieux d'ordinaires. La seule de ses compositions enregistrées ayant connu un certain succès, le Quatuor à cordes op. 1, était une tentative de contrepoint où, comme il l'admettra lui-même, il avait commis toutes les erreurs d'un débutant. L'œuvre épousait en outre un style classique que tout partisan de l'avant-garde dodéca-phonique, tel Gould lui-même, ne pouvait qu'abhorrer en 1953.

Il aimait souligner, en revanche, que ses compositions de « radio contrapuntique » illustraient son réel talent de composition — au premier chef son documentaire « L'idée du Nord » (1967) et, dans une moindre mesure, la charmante mais révélatrice création de 1963 intitulée « Vous voulez donc écrire une fugue ? » Cet étagement de plusieurs voix donnant des conseils à d'éventuels compositeurs de contrepoint fut d'abord diffusé à la télévision de la CBC à l'occasion de la dernière d'une série d'émissions intitulée *The Art of the Fugue,* puis repris par la Columbia sur le disque double *The Glenn Gould Silver Jubilee Album* (1980) : « Vous voulez donc écrire une fugue ? Vous brûlez d'envie d'écrire une fugue ? Vous avez le culot de vouloir écrire une fugue ? La seule façon d'en écrire une, c'est de plonger et d'en écrire une. Mais ne cherchez jamais à faire le malin, à briller pour briller[31] ! »

Par ailleurs, Gould acceptait — et parfois même revendiquait — le terme d'artiste *recréatif* (plutôt que *créatif*) pour parler de ses propres prestations au clavier. Toute interprétation peut pourtant être considérée comme une œuvre nouvelle, et cela est particulièrement vrai pour la musique de Bach, où l'absence d'indication concernant le tempo et les phrasés laisse une grande part de décision entre les mains de l'interprète ou du chef d'orchestre en ce qui a trait à la vitesse, aux articulations et aux ornementations. Alors qu'il progresse d'instant en instant, le musicien développe les motifs inscrits verticalement sur la portée, mais il ne peut le faire sans une conscience aiguë de la dimension horizontale, de l'architecture du morceau — qui, elle aussi, peut être interprétée. Ajoutons à cela les possibilités dynamiques et les couleurs propres du piano, que ne pouvaient connaître les compositeurs qui travaillaient au clavecin ou au clavicorde, et on comprend alors qu'un génie de l'interprétation est quelque chose qui peut bel et bien exister.

Le 3 janvier 1964, le magazine *Time,* cet arbitre du goût, proclama que l'œuvre enregistrée de Gould, alors âgé de trente et un ans, était « presque du génie ». Il n'avait pas encore enregistré la moitié de ses disques, dont quelques-uns des plus primés.

Ce genre de chose pouvait rester sans effet. Les parents de Gould affirmèrent plus tard qu'ils ne voulaient pas que leur fils mène la vie dérangée d'un fanatique de musique — les mots *Mozart* et *prodige* étaient bannis du vocabulaire familial — mais, très tôt, sa mère était convaincue qu'il serait un musicien suprêmement doué, plus particulièrement un grand pianiste de concert. La musique était partout présente dans sa vie et même avant sa naissance : avec un engouement prémonitoire, la mère de Gould jouait souvent du piano durant sa grossesse pour stimuler le développement du fœtus.

Gould joua pour la première fois en public le 5 juin 1938 à l'âge de cinq ans ; il accompagnait ses parents qui interprétaient un duo vocal à l'occasion du trentième anniversaire de la Business Men's Bible Class à laquelle appartenait son père. Au mois d'août de la même année, il s'inscrivit à un concours de piano tenu à l'Exposition nationale canadienne, mais ne gagna pas. Le 9 décembre, il joua pour la deuxième fois en public, à l'église presbytérienne Emmanuel à Toronto. Son jeu stupéfia l'assistance, et le jeune Glenn se mit à dire qu'il voulait devenir pianiste de concert.

En 1944, Gould s'était inscrit aux concours musicaux Kiwanis, expérience qu'il évoquerait plus tard avec dérision. Il remporta un prix de deux cents dollars dans le premier de ces concours, ce qui lui valut ses premiers articles de journaux. Il avait douze ans. L'année suivante, le 12 décembre 1945, il fit ses débuts professionnels à l'orgue, passant des églises et des compétitions provinciales à l'auditorium Eaton au centre-ville de Toronto. Il joua la Sonate n° 6 de Mendelssohn, un mouvement du

Concerto de Dupuis et la Fugue en *sol* mineur de J.-S. Bach. La critique publiée dans le *Evening Telegram* de Toronto le qualifia de génie — pour la première fois, le mot magique lui était accolé.

Le 8 mai 1946, il joua pour la première fois avec un orchestre. Il interpréta le premier mouvement du Concerto n° 4 de Beethoven avec le Toronto Conservatory Symphony au Massey Hall. Les critiques furent polies. Les 14 et 15 janvier 1947, il fit ses débuts avec l'Orchestre symphonique de Toronto, avec lequel il joua les trois mouvements du concerto de Beethoven. Les critiques notèrent ses voyantes gesticulations, qu'il attribua plus tard à la présence sur son costume de poils de chien, auxquels il était allergique.

Vraiment? Le 20 octobre de la même année, Gould donna son premier récital à l'auditorium Eaton dans le cadre de la série International Artists. Il joua cinq sonates de Scarlatti, la sonate « La Tempête » de Beethoven, la Passacaille en *si* mineur de Couperin, *Au bord d'une source* de Liszt, la Valse en *la* bémol majeur (op. 42) et l'Impromptu en *fa* dièse (op. 36) de Chopin, et l'*Andante et rondo capriccioso* de Mendelssohn.

Les critiques furent flatteuses. Elles soulignèrent aussi les démonstrations de plus en plus évidentes de ses surprenants maniérismes : tics, fredonnement, tête presque posée sur le clavier. Depuis l'âge de six ans, Gould affichait une hypocondrie affirmée et une légère phobie des microbes; il évitait les foules et s'enfouissait dans son manteau d'une manière qui serait un jour célèbre. Dès l'âge de quinze ans, tous les signes du génie étaient présents. Ce mot allait être appliqué de plus en plus fréquemment au jeune homme qui avait grandi à The Beaches.

Mais qu'est-ce, après tout, que le génie? Des auteurs comme Diderot, Artaud et Pound ont repris de diverses manières l'idée aristotélicienne de la folie divine — allant jusqu'à soutenir l'idée beaucoup moins plausible que, si tous les génies sont fous, tous les fous sont aussi des génies. Les faits ne confirment ni l'une ni l'autre de ces conclusions, à moins de vouloir dire que toute prestation exceptionnelle est par définition divine.

On pourrait d'ailleurs ajouter que cette divine folie prolifère trop vite et en trop d'endroits, ce qui nous place devant une double impasse antidivine. Le problème avec le génie, c'est qu'il y en a souvent trop ou pas assez. La conséquence logique de la critique élitiste de la démocratie — dans un pays où tout le monde est quelqu'un, il n'y a que des quidams —, c'est qu'il y a de nos jours à la fois trop et pas assez de génies. Tout banquier qui réussit est maintenant un génie de la finance, tout chef talentueux un génie de la cuisine fusion, tout porteur de ballon agile un génie de la course, tout concepteur de logos un génie du design.

Inversement, les génies autrefois solides de la littérature et de la philosophie, les Grands Auteurs canoniques ayant rédigé les Grands Livres, sont maintenant replacés dans leur contexte et leur nombre est sans cesse réduit. Qui croient-ils être, ces génies? Ils ne sont pas si différents du reste de l'humanité. Le concept du *génie* est désormais dénoncé comme un exemple typique de la propension des Lumières à s'autocongratuler, l'expression d'intérêts limités, voire d'intérêts de classe, déguisés en vérités universelles. Dans les théories en vogue de la sociologie contemporaine, l'exceptionnel devient ordinaire ; l'analyse des réussites vise à les démystifier pour nous remonter le moral. Le mot *génie* ne sert plus qu'à désigner aujourd'hui un individu ayant consacré une dizaine de milliers d'heures à une activité quelconque. Pas un mot, dans ces comptes rendus tautologiques, du talent ou de l'inspiration qu'il faut pour traverser toutes ces heures…

Si cette façon de voir satisfait notre estime de soi, ici-bas dans les rangs de la médiocrité, elle ne peut, à terme, que se révéler insatisfaisante. L'opposition entre un ineffable don des dieux et la simple persistance du labeur est typique de notre époque et de son réductionnisme qui à la fois révèle et escamote. Mais que pouvons-nous dire face au génie ? Comment éviter, d'un côté, le mysticisme et, de l'autre, ce que le critique Harold Bloom appelle « l'historisation et la contextualisation du génie », la pernicieuse influence de « tous ceux qui réduisent les auteurs à des vecteurs d'énergie sociale et les lecteurs à des glaneurs de phonèmes[32] » ?

Bloom s'intéresse particulièrement au génie littéraire — notion dont certains seraient enclins à douter[33]. Nous pouvons néanmoins énumérer quelques traits que des penseurs estimés ont associé au génie. Premièrement, la *fécondité,* puisqu'il s'agit de la racine du mot : le génie produit ; il génère. Ensuite, la *vision* : la capacité de percevoir des possibilités qui échappent aux praticiens communs du même art, et encore plus à l'amateur ordinaire ou à l'homme de la rue. D'où l'*originalité* — ce que le philosophe Hans Jonas a aussi appelé « l'intoxication du précédent ». Ce trait est à la source du caractère instable du génie, car si un manque d'originalité donne des œuvres médiocres, un excès d'originalité risque de donner des œuvres incompréhensibles. Plusieurs considèrent en effet que le génie est le produit d'une réaction volatile entre le sens et le non-sens — autre version autour du thème de la folie.

Enfin, l'*ironie*, du moins sous sa forme littéraire, est couramment perçue comme un distillat du génie, si ce n'est comme une de ses conditions essentielles. Le génie apprécie la finalité mortelle de l'existence, cette limite foncière, même lorsqu'il tire le maximum de la vie et du renouvellement continuel de ses forces de transcendance. Ces éléments, ou certains d'entre eux, se combinent chez la personne géniale, capable de créer des œuvres qui, selon les mots de Bloom, s'élèvent « au-dessus de l'époque » et « enterrent leurs fossoyeurs ». Ou selon les mots du poète Edmund Spencer : « Le génie survit ; tout le reste est réclamé par la mort. »

Tout cela peut sembler anodin, voire un peu mesquin et tautologique : le génie survit-il parce qu'il est bon ou est-il bon parce qu'il survit ? Comparons avec ce que dit le romancier et critique William Gass à propos de l'honneur discutable d'avoir résisté au passage du temps : « Ainsi les œuvres ayant survécu à l'Épreuve du Temps ne seraient plus jamais ignorées, incomprises ou négligées ? Non. Les œuvres qui échouent sombrent dans l'oubli. Celles qui réussissent survivent pour être ignorées, incomprises, exploitées et négligées. » L'épreuve du temps n'est qu'un concours de popularité diachronique et transgénérationnel, pas plus fiable que tout autre concours de ce genre[34].

Toute définition du génie fondée sur l'épreuve du temps demeure également floue quant à la question de savoir *ce dont il s'agit*. En poursuivant notre enquête, nous constatons que les candidats au génie sont choisis, en général, sur le mode contrastif, comme dirait un philosophe : un génie est la plupart du temps défini en rapport avec autre chose, soit d'ordinaire avec le concept de (simple) talent. On trouve un exemple type de cette approche contrastive dans l'essai du philosophe Arthur Schopenhauer sur le génie. « Le talent atteint une cible que personne d'autre ne peut atteindre. Le génie atteint une cible que personne d'autre ne peut voir. » En d'autres mots, « le talent peut accomplir ce qui dépasse l'aptitude d'autrui, mais non sa capacité d'appréhension ; il trouve ainsi des amateurs immédiats ». Le génie, en revanche, peut provoquer des réactions moins positives ; il peut même être vu par son propriétaire comme un don ambigu.

Dès qu'il fut créé, les humains eurent un peu de mal à résister à la puissance de ce levier conceptuel. « Le talent est l'objet du pouvoir de l'homme, écrivit James Russell Lowell. Le génie est le pouvoir dont l'homme est l'objet. » Oscar Wilde offrit aussi quelques aperçus sur le sujet, comme dans cette maxime disculpatoire souvent citée : « Le talent emprunte, le génie vole », ou encore dans cette affirmation autoréférentielle : « Le génie apprend de la nature et de sa nature même ; le talent apprend de l'art[35]. »

Wilde est aussi l'auteur de cette célèbre autoévaluation : « J'ai mis tout mon génie dans ma vie ; je n'ai mis que mon talent dans mes œuvres. » Certains interprètent cette phrase comme un cri de ralliement pour esthètes, dans le fil de l'injonction nietzschénne sur la nécessité de transformer sa vie en œuvre d'art. Mais Wilde se démarque en tant que génie autoproclamé — les définitions canoniques du génie n'interdisent pas ce genre d'autocongratulation ; certaines même l'exigent. En partie pour cette raison, Wilde était bien conscient du fardeau qu'entraîne le désir de se hausser au-dessus du simple talent. « Le public est extraordinairement tolérant, note-t-il. Il pardonne tout sauf le génie. » Wilde définissait le génie comme « une capacité infinie à administrer de la douleur », astucieux renversement de la servile capacité à « accepter la douleur » des simples talents, aussi perfectionnistes soient-ils, et malicieux rappel de la façon dont les vrais génies défient le statu quo. Peut-être avait-il à l'esprit la formule conçue deux siècles plus tôt par un confrère écrivain anglo-irlandais. « Quand un vrai génie apparaît en ce monde, écrivit Swift, on peut le reconnaître à ce signe que les imbéciles sont tous ligués contre lui. »

Cette association des médiocres contre le génie constituait le principal souci de John Stuart Mill, lui-même enfant prodige d'une telle capacité que ses propres facultés mentales le firent craquer durant l'adolescence. « Précisément parce que la tyrannie de l'opinion est telle qu'elle fait un crime de l'excentricité, il est désirable, afin de briser cette tyrannie, que les hommes soient excentriques », argumenta Mill. « L'excentricité et la force de caractère vont de pair, et le niveau d'excentricité d'une société se mesure généralement à son niveau de génie, de vigueur intellectuelle et de courage moral. Ce qui marque bien le principal danger de notre époque, c'est de voir si peu d'hommes oser être excentriques. »

Mais un élément de confusion s'est immiscé dans notre démonstration. Premièrement, nous ne sommes peut-être pas prêts à accepter la distinction contrastée entre le génie et le talent. Cette séparation catégorique se révèle assez lâche après examen : où est la frontière entre les deux et qui donc serait en mesure de la tracer ? Deuxièmement, même si nous consentons à cette distinction, l'idée que le génie et l'excentricité sont liés, voire corrélés ou coextensifs, comme le croit Mill, est un peu tirée par les cheveux. Sans parler de la question plus délicate de savoir si la force de caractère, la vigueur mentale et le courage moral viennent avec l'excentricité.

Il n'est pas nécessaire d'être un parangon de médiocrité pour se demander si l'excentricité démontrée par Gould possède une valeur en soi et pour elle-même ; tantôt elle n'est que pose ou affaire de mode, tantôt rien d'autre qu'une forme d'originalité particulière, charmante ou non. Dans la conception de la liberté humaine et des « expériences de vie » chez Mill, l'excentricité représente certes une valeur générale, une simple valeur de diversité, mais toute autre affirmation exigerait démonstration. En laissant de côté la question de savoir comment on peut commander l'excentricité (« il est désirable que les hommes… ») et si l'excentricité peut exister sans le soutien d'une majorité « concentrique » — en tant que concept d'abord, mais peut-être aussi sur le plan social ou sur le plan financier —, nous devons encore nous interroger sur l'idée d'une connexion entre le génie et l'excentricité, et ce même si nous laissons filer la distinction entre génie et talent.

Plus convaincantes, du moins par leur manque de

conviction, sont ces visions du génie qui le démystifient sans le réduire à la simple persévérance. « Le café est bon pour le talent, mais le génie a besoin de prières », disait Emerson, qui résumait ainsi à sa façon le contraste entre les deux termes. Comme on le sait, Gould consomma à la fin de sa vie un cocktail d'analgésiques et d'anxiolytiques prescrits sur ordonnance : café ou prière ? Pablo Picasso, homme qui s'y connaissait en matière de fécondité, était plus incisif : « Le génie, c'est de la personnalité avec un soupçon de talent. Une erreur que les hasards élèvent au-dessus du commun. » Renversant la polarité habituelle, le poète Paul Valéry propose une définition claire et synthétique : « Le talent sans génie est peu de chose. Le génie sans talent n'est rien. » Ce dernier point permet vraisemblablement de comprendre d'où proviennent les légions d'artistes de génie méconnus, la plupart de sexe masculin et dans la vingtaine, qui essaiment dans les bars et les cafés de toutes les grandes villes d'Europe et d'Amérique du Nord.

Glenn Gould était-il un génie ? Sans aucun doute, si nous sommes prêts à donner un sens précis à cette étiquette. Notons que dans sa *Critique de la faculté de juger,* Kant n'oppose pas le génie au talent — cela, après tout, n'est qu'une question oiseuse —, mais le définit comme une forme particulière de talent créatif. « Le génie est la disposition innée de l'esprit par laquelle la nature donne ses règles à l'art », écrit Kant, voulant dire par là que le génie est l'aptitude à instaurer de nouvelles normes dans le champ esthétique, l'aptitude à réécrire le livre des règles. Le génie doit être rare car les règles ne peuvent être des règles si elles sont brisées toutes les cinq minutes. La qualité particulière des génies, c'est qu'ils peuvent dessiner une trajectoire nouvelle en montrant pourquoi l'ancienne était insuffisante. En ce sens, le génie réalise ce que Thomas Kuhn appelle un *changement de paradigme*. À la faveur de ce dernier, les nouvelles règles ne font pas que résoudre certains problèmes ou expliquer des anomalies que les règles antérieures ne pouvaient résoudre ou expliquer ; elles montrent aussi pourquoi elles n'y parvenaient pas. (Le problème pourrait donc tout simplement être celui de la répétition, de l'ennui que suscite l'abêtissement institutionnel ; l'anomalie serait alors l'existence du génie lui-même.) Les foudroyantes *Variations* de 1955, avec leur désinvolture et leur affection manifeste pour la vitesse aux dépens de l'émotion, brisaient toutes les règles entourant l'interprétation de Bach ; ce faisant, Gould réécrivait les règles.

Cela dit, il peut y avoir quelque chose de trompeur dans le fait de parler de règles. « Le génie est un talent qui consiste à produire ce dont on ne saurait donner aucune règle déterminée, affirme Kant ; il ne s'agit pas d'une aptitude à ce qui peut être appris d'après une règle quelconque. » Ainsi, « le génie est l'originalité exemplaire des dons naturels d'un sujet dans le *libre* usage de ses facultés de connaître », soit la compréhension et l'imagination. La notion de libre usage est centrale ; elle souligne le caractère mystérieux du génie, lequel brise les règles et pénètre ainsi dans un monde où elles n'existent pas — mais où il en crée de nouvelles chemin faisant. Le génie ne doit pas seulement être original ; il doit aussi être exemplaire : il montre la voie à suivre, en restant intelligible en regard des critères existants, ce qui permet d'éviter le piège de l'« absurdité originale ». Le génie « ne peut décrire lui-même ou exposer scientifiquement comment il réalise son produit, et [...] au contraire c'est en tant que nature qu'il donne la règle ». Ainsi Kant combine certains éléments de mystère — le génie ne peut expliquer comment il produit ce qu'il produit, ni d'où lui vient ce don — avec une appréciation moderne du fait que le génie n'échappe pas aux limites de l'être humain[36]. Le terme de *don,* entendu correctement, est bien choisi : les dieux du talent offrent des dons, qui peuvent être reçus mais jamais retournés ; nous, mortels, ne pouvons échanger que des présents.

Le génie de Gould résidait dans l'interprétation, mais il n'était pas moins créatif et innovateur pour cela, compte tenu que, dans le champ esthétique de la musique, celle-ci ne peut que se manifester dans l'exécution. L'influence de Gould est indéniable ; aucun interprète après lui ne peut ignorer l'exemple qu'il a donné, exemple constitué de ses prestations et des explications qui les accompagnent. Désormais, tout interprète doit passer *par lui* ; on peut être l'émule de Gould ou le rejeter, mais on ne peut pas l'ignorer. Il est vrai que Gould, comme un sportif dans une entrevue d'après-match, essayait parfois d'expliquer ce qu'il avait voulu faire. Il était plus disert que le commun des mortels, pour ne rien dire des sportifs ; mais ces discours théoriques peuvent aussi avoir comme effet de miner la joie que nous apportent ses prestations. La tension entre ces deux éléments, tension qu'il n'a jamais résolue convenablement, occupe une place cruciale dans la vie de Gould.

7

Quodlibet

La trentième des *Variations Goldberg* est un quodlibet. Ce mot, en latin, signifie quelque chose comme « tout ce qui plaira » ou, dans une langue plus familière, « n'importe quoi ». En composition musicale, le terme *quodlibet* désigne un morceau qui cite des fragments de mélodie, souvent tirés de chansons folkloriques ou d'airs populaires, qui sont incorporés au sein d'une œuvre plus sérieuse. Inspiré de deux chansons folkloriques allemandes bien connues à l'époque, le quodlibet de Bach correspond à cette définition ; mais c'est aussi dans les mesures d'ouverture de cette variation qu'on trouve l'un des rares passages où la phrase mélodique de la basse est clairement exposée. La trentième variation, la variation du « n'importe quoi », se présente ainsi comme l'aboutissement joyeux et tragicomique de tout ce qui précède ; elle rassemble tous les fils alors que nous approchons de la section finale, l'aria da capo. Cette variation pénultième est sciemment instable, à la fois sérieuse et ironique.

Le quodlibet constitue également une des propriétés divines transcendantales identifiées par la scolastique.

Quodlibet ens est unum, verum, bonum seu perfectum, affirmaient les scolastiques médiévaux. C'est-à-dire : N'importe quelle entité qui est une, vraie, bonne ou parfaite peut être qualifiée de transcendantale. Le « n'importe quelle » renvoie ici à quelque chose de plus mystérieux qu'il n'y paraît de prime abord. Le « n'importe quelle » n'est pas qu'un pronom substitutif — peu importe l'être dont il s'agit. Il renferme aussi une affirmation ontologique — il existe un être *tel que.* Quel est cet être ? C'est l'être quelconque. Le quodlibet est à la fois pure singularité (l'être spécifique) et généralité absolue (toutes les possibilités considérées). Le quodlibet souligne l'abîme entre le cas et l'espèce, l'action et la potentialité, le particulier et l'universel. Les êtres individuels sont foncièrement singuliers en tant que cas d'une espèce qui, par définition, est générale. Comment cela est-il possible ?

Aristote distingue deux types de potentialité : la puissance d'être et la puissance de ne pas être. On pourrait croire que la seconde n'est pas une puissance du tout et plutôt une forme d'impotence. Mais la puissance de ne pas être est en fait supérieure, puisqu'elle contient en elle l'autre puissance et la gouverne, se maintenant elle-même en tant que pure potentialité. Ainsi l'être qui à la fois est et n'est pas est l'être quodlibet. Comme nous pouvons le voir, l'être quelconque contient l'acte de volonté *(libet)* — ou plutôt la potentialité de la volonté, la volonté suspendue[37].

Le philosophe Giorgio Agamben présente le problème comme ceci : « Si à chaque pianiste appartient nécessairement la puissance de jouer et celle de ne pas jouer, Glenn Gould est, toutefois, le seul qui peut *ne pas* ne pas jouer. » Qu'est-ce que cela veut dire ? Cela veut dire que Gould ne fait pas qu'osciller entre le jeu et le non-jeu, comme n'importe qui, mais qu'il transforme activement son non-jeu en une sorte de prestation — il « joue, pour ainsi dire, avec sa puissance de ne pas jouer ». Seul Gould peut faire cela parce qu'il possède seul cette maîtrise qui rend possible ce jeu de deuxième ordre, aussi paradoxal soit-il. « Face à l'habileté, qui nie et renonce simplement à sa propre puissance de ne pas jouer, conclut Agamben, la maestria conserve et exerce dans l'acte, non pas sa puissance de jouer [...], mais celle de ne pas jouer[38]. »

Gould donna son dernier concert le 10 avril 1964 à Los Angeles. Il joua quatre fugues de *L'Art de la fugue* et la Partita nº 4 en *ré* majeur de Bach, l'opus 109 de Beethoven et la Troisième sonate de Hindemith. Il n'annonça pas qu'il s'agirait de son dernier concert, ni que ce concert faisait partie d'une tournée d'adieu. Plusieurs autres récitals étaient prévus à son calendrier ; il les annula tous.

Bien qu'il eût commencé à jouer en public à l'âge de cinq ans, seulement dix années s'étaient écoulées depuis le début de sa carrière américaine. Il n'était âgé que de trente et un ans.

Les premiers concerts américains sont entrés dans la légende ; il vaut la peine de rappeler leur impact immédiat. Le 2 janvier 1955, Gould joua à Washington et neuf jours plus tard à New York. Très conscient de l'importance de ces concerts, il fignola son répertoire en choisissant des morceaux qui démontreraient ses capacités techniques et lui permettraient de placer son intelligence musicale au-dessus du clinquant des canons du romantisme que choisissent habituellement les débutants. Avec un certain radicalisme, il décida d'inclure l'une de ses œuvres préférées, la *Pavane et Gaillarde* « Lord of Salisbury » de Gibbons, qui combine de façon séduisante émotion et structure complexe. Il joua également la Fantasia Fitzwilliam de Sweelinck, cinq Inventions à trois voix et la Partita n° 5 de J.-S. Bach, les Variations op. 27 de Webern, la Sonate n° 30, op. 109 de Beethoven, et la Sonate pour piano op. 1 de Berg. Il s'agissait en somme d'un programme très astucieux, comprenant morceaux connus ou moins connus, tous rendus avec un alliage de pure virtuosité et de musicalité aiguë.

Le concert de Washington attira un mince auditoire, mais les critiques furent élogieuses. Le critique Paul Hume écrivit : « Il est un peu tôt pour faire des prédictions le 2 janvier, mais il est peu probable que l'année 1955 nous apportera de meilleurs récitals de piano. Nous serons chanceux si elle nous apporte des récitals d'égale importance et beauté[39]. » Gould reprit le même programme au Town Hall de New York, encore une fois devant un auditoire modeste, mais composé de personnes influentes. Entraîné par le musicien Alexander Schneider, David Oppenheim, directeur des artistes et du répertoire à la Columbia Masterworks Records, était présent et fut dûment impressionné. Il prit contact avec l'agent de Gould, Walter Homburger, et offrit un contrat exclusif de trois ans. C'était la première fois qu'il mettait un artiste sous contrat après une seule audition.

Nous parlerons plus tard des enregistrements qui en découlèrent. Dans l'immédiat, Gould continua de se produire en public, accentuant la fréquence de ses concerts pour répondre à la demande grandissante : celle-ci monta en flèche après la sortie des premières *Variations* plus tard au cours de la même année et ne retomba jamais ensuite. Pendant ce temps, un pattern de plus en plus familier était en train de se dessiner.

Le 15 mars 1956, Gould donna son premier concert avec orchestre en sol américain depuis les récitals de 1955. À Detroit, il joua le Concerto n° 4 de Beethoven avec l'Orchestre symphonique dirigé par Paul Paray. Il y eut six rappels. Mais les critiques soulignèrent son comportement étrange sur scène, sa posture voûtée et son fredonnement.

Le 18 mars 1956, Gould joua le même concerto à Windsor, en Ontario. Mais cette fois, il faillit annuler le concert. Ses nerfs étaient à bout, sa prestation fut médiocre. Il joua encore trois jours plus tard, avec l'Orchestre symphonique de Toronto, dirigé par Sir Ernest MacMillan. Puis il ne joua pas durant trois semaines. Éprouvant un sentiment de « détresse aiguë », il consulta un neurologue du Toronto General Hospital. Celui-ci lui prescrivit du Largactil et de la réserpine, médicaments généralement destinés à traiter des désordres émotionnels et mentaux, dont la schizophrénie, mais parfois utilisés aussi pour des cas d'insomnie et d'anxiété. Gould ajouta ces deux remèdes au cocktail de médicaments qu'il consommait déjà en tournée pour calmer ses nerfs avant et après les concerts.

Le 26 janvier 1957, Gould commença la nouvelle année aux côtés du New York Philharmonic, dirigé par Leonard Bernstein. Son interprétation du Concerto n° 2 de Beethoven connut un succès triomphal. Bernstein affirma : « Gould est la meilleure chose qui soit arrivée à la musique depuis de nombreuses années. » La saison suivante, Gould donna trente concerts. L'année suivante, cinquante. Les concerts à guichets fermés, la ruée vers les billetteries, les auditoires records devinrent chose commune.

Sa première tournée outre-mer eut lieu à l'été 1957. Elle commença en Union soviétique. Gould était le premier pianiste canadien et nord-américain à se produire dans la Russie post-stalinienne. Son trouble phobique se cristallisa et s'intensifia : peur de manger, peur de vomir en public, peur d'être submergé par les foules.

Le 7 mai, il donna son premier concert dans le grand auditorium du Conservatoire de Moscou, un récital solo comprenant quelques extraits de *L'Art de la fugue* et la Partita n° 6 en *mi* mineur de Bach, la Sonate n° 30 op. 109 de Beethoven et la Sonate de Berg. Remplie au tiers au début du récital, la salle était pleine à craquer à la fin ; les spectateurs avaient appelé leurs amis durant l'entracte. Gould fut applaudi durant vingt minutes et joua un long rappel : une Fantasia de Sweelinck et dix des *Variations Goldberg*. L'auditoire applaudissait encore quand on ralluma et Gould fut assailli par ses admirateurs à la sortie.

Le 8 mai 1957, il se produisit avec l'Orchestre philharmonique de Moscou dans la salle Tchaïkovski. Concerto n° 4 de Beethoven et Concerto en *ré* mineur de Bach. Concert à guichets fermés.

Le 11 mai 1957 : de nouveau la salle Tchaïkovski à guichets fermés, avec 1 500 personnes dans les fauteuils de l'auditorium et 900 autres debout ou sur des chaises ajoutées sur la scène. Il joua l'ensemble des *Variations*

Goldberg ainsi que deux Intermezzi de Brahms et la Troisième sonate de Hindemith. Il fut applaudi durant trente minutes.

Le 12 mai 1957, Gould donna un séminaire-récital sur la musique contemporaine au Conservatoire de Moscou. Il parla de la musique dodécaphonique et joua la Sonate de Berg, les *Variations* de Webern et deux mouvements de la Troisième sonate de Krenek. Quelques professeurs conservateurs quittèrent la salle en guise de protestation, mais l'auditoire était enthousiaste. En rappel : des parties des *Variations Goldberg* et de *L'Art de la fugue*. Les applaudissements étaient assourdissants.

Les 16 et 17 mai 1957 : concerts à Leningrad. Des places additionnelles furent ajoutées sur la scène de la salle Maly pour la première fois de son histoire. La police fut appelée pour contenir la foule qui essayait d'obtenir des billets devant l'auditorium. Gould joua durant plus de trois heures, incluant en rappel toute la Sonate de Berg, et il dut finalement s'excuser pour quitter la scène.

Le 18 mai 1957 : salle Bolchoï. Capacité d'accueil de 1 300 personnes. Guichets fermés. Mille cent places ajoutées. Accompagné de l'Orchestre philharmonique de Leningrad, Gould joua le Concerto en *ré* mineur de Bach et le Concerto en *si* bémol de Beethoven. Rappel sur rappel. Gould tira sa dernière révérence vêtu de son manteau et de ses gants. Il redonna ensuite le séminaire-récital qu'il avait donné à Moscou. Présenter aux étudiants la musique dodécaphonique lui apporta, dit-il, une sensation équivalente à celle du « premier musicien à atterrir sur Mars ou Vénus et qui révèle un territoire largement inconnu à un auditoire perplexe mais de bonne volonté[40] ».

Gould était alors fermement coincé dans la double contrainte de la vie de concert. Plus ses concerts étaient couronnés de succès, plus il sentait la pression de les égaler et même de les dépasser. Et les concerts ne pouvaient plus être de simples concerts. Les manifestations d'adulation déchaînée s'intensifièrent, exacerbant du coup les réactions nerveuses de l'artiste, une anxiété à l'égard de ses propres réactions s'ajoutant à l'anxiété liée à ses phobies. Réceptions, repas, voyages, démonstrations publiques et sociales — tout cela faisait partie des frais cachés de la vie de concert.

Du 24 au 26 mai 1957, Gould se rendit en Allemagne et joua avec la Philharmonie de Berlin, dirigée par Herbert von Karajan. Alors qu'il répétait le Concerto n° 3 en *do* mineur de Beethoven, il reçut une ovation de l'orchestre. Les concerts obtinrent un vif succès. H. H. Stuckenschmidt, critique européen influent, écrivit : « Sa facilité sur le plan technique est aux limites du fabuleux : ses deux mains d'égale habileté, sa polyvalence dynamique et sa sonorité aux couleurs si variées dénotent, à mon avis, une maîtrise d'un niveau inconnu depuis l'époque de Busoni[41]. » Gould, qui n'était pas imperméable aux hommages, mémorisa quelques passages de cette critique, qu'il citerait souvent plus tard devant ses amis et collègues — et ce bien que Stuckenschmidt servît vraisemblablement de modèle pour le Dr Herbert von Hochmeister, personnage parodique de critique musical imaginé par Gould.

Le 7 juin 1957, en prenant le train pour Vienne, destination finale de sa tournée, Gould rencontra sur le quai l'une de ses idoles, le chef d'orchestre Leopold Stokowski. Il fut enchanté d'apprendre que cet homme célèbre, qui avait épousé Gloria Vanderbilt, eu une aventure avec Greta Garbo et serré la main de Mickey Mouse dans le film *Fantasia* de Walt Disney, avait suivi l'ascension météorique du jeune Canadien. Les deux icônes échangèrent elles aussi une poignée de main, quoique pas sur le grand écran. Plus tard, au festival de Vienne, Gould joua quinze Sinfonias de Bach, la Sonate n° 30 op. 109 de Beethoven et les *Variations* de Webern. L'encensement fut général ; et Gould exécuta sa dernière révérence, devenue coutumière, vêtu de sa casquette, de son pardessus, de son écharpe et de ses gants. À partir de ce moment, Gould ne changea plus son costume nordique — cette tenue reflétait l'image favorite, et largement diffusée, qu'il avait de lui-même. La signification de cette image ne se limitait pas à des considérations matérielles, à une question de température corporelle ou à la phobie de la contagion. Le message était le suivant : peu importe la température ambiante, c'était toujours l'hiver là où se trouvait Glenn Gould.

Lorsqu'il rentra à Toronto le 11 juin 1957, la tournée en Russie était déjà perçue comme un triomphe. Il se rendit immédiatement à New York pour commencer l'enregistrement du *Clavier bien tempéré* de Bach, tout en maintenant un calendrier de concerts éprouvant : vingt-deux concerts durant l'automne et l'hiver. Quand il entreprit sa deuxième tournée européenne, en 1958, il était si épuisé que son jeu s'était visiblement détérioré ; en plusieurs occasions, il surprit les auditoires en modifiant le programme à la dernière minute, prétextant qu'il n'avait pu répéter suffisamment les morceaux prévus.

Alors commença le déclin de Gould comme concertiste. Il annula des récitals de plus en plus fréquemment, invoquant surtout des ennuis de santé. Il se plaignait d'infections des sinus et de maux respiratoires, de rhumes dus à la climatisation des hôtels et ayant dégénéré en trachéite ou même en bronchite. Il passait de plus en plus de temps seul dans ses chambres d'hôtel. Probablement pour de bonnes raisons. À l'occasion d'un souper en compagnie du pianiste torontois Anton Kuerti, qui cherchait à lui remonter le moral mais avait eu la mauvaise idée de commander de la cervelle de veau, Gould se sauva en détresse quand il vit l'assiette arriver sur la table.

Son jeu s'en ressentait sérieusement. Le 21 septembre 1958, alors qu'il interprétait le Concerto en *ré* mineur de Bach avec Karajan et la Philharmonie de Berlin, il entra presque une seconde trop tôt, ce qui déstabilisa tout l'orchestre. Au mois d'octobre de la même année, il annula tous les concerts prévus et se réfugia dans sa chambre à l'hôtel Vier Jahreszeiten de Hambourg, en se plaignant d'une maladie des reins, la néphrite focale. Il parlera plus tard de ce mois de « semi-quarantaine » comme d'une des périodes les plus heureuses de sa vie. « Ne connaître personne à Hambourg était une chance inouïe. C'est ma période Hans Castorp ; c'était vraiment merveilleux[42]. »

L'image est frappante. Méditation sur le temps, la maladie et la mort soutenue par le déploiement habile d'un leitmotiv, *La Montagne magique* de Thomas Mann est le plus musical des grands romans. Il s'agit aussi d'une étude phénoménologique sur la révélation de soi, une réflexion sur le fait de la conscience. « Le livre lui-même est fait de la substance qu'il relate », affirma Mann à propos de son œuvre. « Son but est d'être toujours et continuellement ce dont il parle. » Et qu'est-ce que cela ? C'est la conscience vécue comme temporalité — à la fois comme du temps et comme de l'intemporalité. Le leitmotiv, a écrit Maurice Natanson, est, en musique ou en prose, « d'emblée un rassembleur, un démonstrateur de ce qui a été rassemblé, et l'initiateur de ce qui s'en vient, selon le contexte de tel mouvement ». Regardant devant et derrière, à travers thème et variations, trouvant son chemin dans le temps jusqu'à nous, « il présage et retient » même lorsqu'il « se *présente* dans l'immédiateté ». Rétention, présage, présentation : voilà ce que Natanson appelle le « triple jeu » du moment vécu, du maintenant[43].

Castorp lui-même est un personnage divisé, un thème multiplicateur, tour à tour chimérique, arrogant, naïf, sensible et timide. Les personnages vers qui il se sent porté le perçoivent selon leur propre point de vue, tandis que lui consacre son temps à se chercher dans ses symptômes. Peut-être que, comme Castorp, Gould aurait dû séjourner dans ce sanatorium qu'il aurait choisi durant quelque sept années, à fumer des cigares et à écouter un gramophone, ballotté entre Settembrini et Naphta, tombant pour la fille au regard kirghiz, oubliant son âge, perdant le fil de ses brillantes théories sur le temps, laissant sa montre se démantibuler. Car lorsque Gould s'aventura le 15 novembre pour un concert à Florence, il fut hué pour la première fois de sa carrière après une Suite de Schoenberg. Il songea à annuler un paquet de concerts, dont une tournée de trois semaines en Israël — onze concerts en dix-huit jours —, mais Homburger réussit à le convaincre de ne pas le faire.

Gould retourna en Europe une seule fois encore, à l'été 1959. La critique s'intéressait maintenant à son comportement sur scène, aux changements de programme de dernière minute, aux nombreuses annulations. Après son retour à Toronto au mois d'août 1959, il ne quitta plus l'Amérique du Nord. Plus tard cette année-là et peu après son vingt-septième anniversaire, il décida de quitter la maison de ses parents et sa banlieue bourgeoise à demi isolée avec sa fameuse promenade sur le lac Ontario, son paysage aquatique ouvert et ses esprits bornés. Gould déménagea d'abord dans une suite de l'hôtel Windsor Arms, bastion urbain de l'élégance et du *five o'clock tea*. Conçu dans le style néogothique par Kirk Hyslop, il ouvrit ses portes en 1927 à l'angle des rues St. Thomas et Sultan, aux abords du collège Victoria de l'Université de Toronto ; il devint rapidement la chapelle préférée du plus voyant conformisme torontois. (L'hôtel n'ouvrit l'élégant restaurant Three Small Rooms qu'en 1966.)

Gould songea à louer une grande maison de campagne, appelée Donchery, à quelque vingt-quatre kilomètres de Toronto. Elle comprenait deux douzaines de pièces, une piscine, un court de tennis, mais il recula au dernier moment. Il déménagea plutôt, au début de 1960, dans un penthouse de six pièces des appartements Park Lane, immeuble de style Art déco dans l'avenue St. Clair Ouest à Toronto. C'est là qu'il vivrait jusqu'à la fin de sa vie ; et qu'il revivrait quotidiennement la solitude de sa chambre d'hôtel à Hambourg. Il continua de donner des concerts, mais de moins en moins chaque année, et il en annulait de plus en plus. Durant la saison 1961-1962, il donna dix-huit concerts, puis seulement neuf en 1962-1963. Sa peur de l'avion eut raison de lui en 1962 : jamais plus il ne monta à bord d'un appareil.

Agamben avance l'hypothèse que, si Gould a cessé de se produire en concert, il n'a cependant pas arrêté de *jouer* ni ne le pouvait. Son jeu portait maintenant sur sa potentialité à jouer, qu'il exerçait chaque jour dans l'acte de ne pas jouer. L'acte de ne pas jouer n'est pas la même chose que le défaut de jouer, ou le fait de se trouver à ne pas jouer, ou de simplement faire autre chose que jouer. La décision de Gould n'était pas vraiment une décision ; il s'agissait plutôt d'un exercice de pouvoir qui devait être éternellement répété, face à lui-même et à la musique. Il affirma son non-jeu jusqu'à la fin de sa vie, dans une maîtrise constamment réaffirmée de l'être quelconque. Il était un homme quodlibet, une pure potentialité. Le jeu cachait le silence qui permet la musique, le néant qui se trouve avant, après et entre les deux.

À la place, Gould joua le silence. Son non-jeu, son jeu du silence, peut être vu comme la plus grande œuvre d'art qu'il ait produite, comme l'œuvre d'une vie.

8

Compétition

Agamben interprète donc le silence de Gould non pas comme une forme de résistance, mais comme un acte qui se situe au-delà de l'écoute. Dans cette optique, on pourrait associer Gould au personnage de Melville, Bartleby le scribe, et à sa fameuse maxime : « Je préférerais ne pas. » De prime abord, on pourrait penser que Bartleby résiste ou refuse la logique d'échange et de productivité qu'exige la vie de bureau dans le cadre capitaliste. Mais il recherche en fait une forme de stase, alors qu'il réduit peu à peu ses gestes et ses paroles pour s'approcher du néant. Bartleby finit par mourir dans une prison pour vagabonds. Il n'est pas comme l'artiste de la faim de Kafka, qui ne comprend pas la nature de ses refus et de son retrait, et recherche une approbation et une reconnaissance qui l'ont quitté ; Bartleby sait, jusqu'à la fin, où il se trouve et pourquoi il a abouti là.

C'est grâce à ce savoir que l'inaction active de Bartleby incarne une forme de pureté, un geste violent privé de contenu. Ce « geste de soustraction le plus pur qui soit » (selon les mots du philosophe Slavoj Žižek), où « le corps et l'affirmation ne font qu'un » (selon les mots de la critique et auteur Elizabeth Hardwick), remet en question l'intention même de « signifier » suivant les acceptions reçues de ce mot[44]. Agamben appréciait cette potentialité suspendue que fait naître la répétition d'une *préférence à ne pas faire*. L'« acte parfait d'écriture » de Bartleby, qui va de la perfection mécanique à la stase complète, est un « acte pur » de non-écriture éternellement potentielle. Dans la tradition arabe, note Agamben, la notion aristo-télicienne d'intellect agent — la pensée non déterminée — « a la forme d'un ange dont le nom est *Qalam*, La Plume, et qui loge dans une insondable potentialité. Bart-leby le scribe ne fait pas simplement arrêter d'écrire, il "préfère ne pas"; il est l'image ultime de cet ange qui n'écrit rien d'autre que sa potentialité à ne pas écrire[45] ».

Il y a plusieurs façons de considérer le non-jeu de Gould, de même qu'il y a plusieurs façons de considérer la non-écriture de Bartleby. Les récits que Gould a propo-sés pour justifier sa décision de ne plus jouer en concert ne se limitent pas aux perspectives médicale et philoso-phique que nous avons envisagées dans la « prise » précé-dente. Dans l'entrevue qu'il donna à l'animateur John McClure, Gould offrit deux explications distinctes, quoique peu distinguées, de son retrait. Gould ayant pro-clamé que l'éventualité d'un retour sur scène n'avait rien de séduisant, McClure entreprit de s'objecter, avec une incrédulité feinte : « Mais la vie brillante d'un concer-tiste… » « … est hideuse, morte, appartient au passé, l'in-terrompit Gould. Je crois que cela n'a plus aucune raison d'être dans le monde musical contemporain[46]. » Hideuse, morte, sans raison d'être, ce sont là des choses un peu différentes.

La barbarie de la compétition et le sensationnalisme de la performance constituaient toutefois l'argument clé de sa défense. Les concours et les concerts étaient peuplés à ses yeux d'« auditeurs à l'affût », d'auditeurs guettant l'erreur — un manque de cohésion chez les cordes, une transition escamotée, un retard d'une fraction de seconde. « L'auditeur de concert est animé d'étranges penchants sanguinaires, presque sadiques », affirmait Gould ; dans les salles de concert flotte une « atmosphère de cirque romain ».

Et pourtant, ces auditeurs à l'affût n'auraient pas les qualifications requises pour émettre leurs pénétrants jugements. « La plupart des gens qui vont au concert ne sont certainement pas des musiciens et ne s'intéressent pas vraiment à la musique, je pense », expliqua-t-il. Ils y vont à la fois pour assouvir un besoin de réconfort atavique — une nostalgie illicite qui n'a rien à voir avec la musique, qui est « délirante » dans sa quête de proximité musicale — et pour le désir pervers de débusquer l'imperfection afin que l'imperfection de leur propre vie soit ainsi cautionnée. Gould refusait d'admettre qu'il éprouvât du mépris pour son auditoire, quoique les sentences qu'il prononce et les mots mêmes qu'il utilise en témoignent éloquemment. L'auditeur moyen, disait-il, ne sait pas ce qu'il attend d'un concert, de même que lui ne saurait dire s'il « conduit une voiture qui est parfaitement réglée, selon la science des mécaniciens[47] ».

On éprouve d'abord de la sympathie pour le point de vue de Gould. Il y a quelque chose d'incongru en effet dans le spectacle qu'offre tout concert, celui d'un auditoire qui juge et réagit face à une minorité talentueuse

— parfois constituée d'un seul individu — qui s'agite et s'exhibe pendant le temps qui lui est alloué. Nous allons au concert pour le plaisir ou l'édification. Le concertiste, lui, a pour tâche de satisfaire ces attentes. Idéalement, cela ne devrait pas constituer un jeu à somme nulle, une compétition; il devrait s'agir d'un contrat idéal, où chaque partie peut se réjouir d'avoir obtenu un retour sur investissement. Les concertistes ne sont pas seulement payés, ou payés uniquement avec de l'argent. Ils éprouvent aussi un plaisir à jouer devant un auditoire, à démontrer publiquement leur talent et leur habileté. Que les artistes recherchent les applaudissements autant que le junkie a besoin de sa drogue devrait apaiser notre culpabilité face à ces évaluations impitoyables, voire aux moqueries auxquelles ils sont parfois soumis.

La structure du dispositif scénique, qui surélève le concertiste devant l'auditoire, ne peut que faire naître le sentiment de notre infériorité face au talent exhibé. Mais ce sentiment d'infériorité est mitigé et même annulé par une supériorité de second degré qui se trouve au cœur même du dispositif: l'auditoire est là pour juger le concertiste. Cette supériorité s'exprime de deux manières. Nous méprisons les artistes à cause du narcissisme qui, croyons-nous, les pousse à rechercher les feux de la rampe; et c'est ainsi que nous nous sentons autorisés à évaluer chaque aspect de leur performance. D'où l'élément de compétition: même quand il est seul sur scène, l'artiste est toujours comparé à quelque rival absent, ne serait-ce que sous la forme abstraite du critère de qualité. Pis encore, le rival invisible est parfois l'artiste lui-même tel qu'il a été dans des concerts passés, ou même dans aucun concert, en tant que spectre né de sa propre réputation.

Aucun artiste en chair et en os ne peut espérer sortir vainqueur d'une telle compétition. Faut-il se surprendre que nous puissions parler d'artistes qui voudraient mourir après avoir donné un concert désastreux ? Faut-il se surprendre qu'un comédien, répondant à ce mépris et à cette colère avec un intérêt en prime, puisse parler de *casser la baraque* ? Certes, les usages sont plus raffinés dans le monde de la musique classique. Mais la dynamique et la compétitivité y sont semblables. Vous venez à ce concert et payez pour me voir faire ceci, peu importe ce dont il s'agit, parce que *vous ne pouvez pas le faire.* Et ensuite vous porterez un jugement sur ce que vous ne pouvez pas faire parce que c'est cela seulement que vous *pouvez* faire, vous avez en partie acheté ce droit. Voilà comment un contrat de gré à gré peut cacher, derrière les apparences, un jeu à somme nulle.

Gould entretenait aussi des récriminations plus concrètes à l'endroit du monde musical et de son attachement au jeu compétitif, particulièrement dans le cas de ces prestigieux instruments solos que sont le violon et le piano. Émergeant tel un prodige parmi la mer de concurrents et gagnant ainsi l'attention nécessaire pour gravir l'échelon suivant dans l'échelle aride du succès, il était le bénéficiaire récalcitrant de ces concours : un professeur plus éminent, un récital avec orchestre, une tournée, un contrat d'enregistrement. Gould exposa les courants sombres sous la surface brillante du système. Nous acceptons si facilement la logique gagnant-perdant qui sous-tend toute compétition, où l'on ne peut être premier que si les autres ne le sont pas. Comme nous balayons facilement les effets pernicieux de ce système musical avide de nouveauté, qui se nourrit de la gloire éphémère de petits Japonais de dix ans, virtuoses du violon, ou d'adolescents autrichiens, génies du clavier, puis les expédie ensuite dans l'obscurité dès qu'ils atteignent l'âge de la puberté et pour le reste de leur existence.

Cependant, il est aussi possible de voir les choses d'un autre point de vue. Le génie de Gould n'était-il pas quelque chose de plus grand que Gould lui-même? N'avait-il pas le devoir de partager ce génie, ou du moins de ne pas le confisquer arbitrairement et sans explication? En fait, Gould était prêt et tenait même beaucoup à s'expliquer sur ce dernier point. Sur le disque de *spoken-word* enregistré avec McClure en 1968, disque intitulé *Glenn Gould: Concert Dropout,* on trouve un programme très orienté composé des titres suivants: « Le concert est mort »; « La seule raison d'enregistrer est de faire les choses différemment »; « Un auditoire est une grande responsabilité »; « La musique électronique est la musique de l'avenir ». (Citons aussi « Pourquoi je fredonne » et « Les chansons de Petula Clark appartiennent à la tradition post-mendelssohnienne », sur quoi nous reviendrons plus loin.)

Sur ce disque et ailleurs, Gould empile objection sur objection, mais cette purée confuse et confondante donne surtout l'impression d'une tentative désespérée, quoique sèchement énoncée, de se disculper. Un auditoire est source de distraction et d'appréhension. Les concerts sont dépassés parce que la musique enregistrée est maintenant largement accessible. La musique enregistrée devrait être, en un sens, une exécution enregistrée ; mais afin de créer l'impression d'une exécution continue, il faut faire plusieurs prises, faire du mixage ici et là à l'intérieur de chaque prise, et jouer avec la chronologie. La seule raison d'enregistrer est de *subvertir* l'idée d'exécution captée sur le vif. La voie de l'avenir se trouve donc dans ce monde de la perfection électronique où les enregistrements sont expurgés des erreurs et des tics. En revanche, Gould donnait libre cours à sa manie de fredonner parce que… eh bien, parce qu'il le pouvait et parce que cela permettait d'apposer sa signature sur ses interprétations. La critique du magazine *Time* publiée en 1964 et reproduite à l'arrière de la pochette exprime clairement le paradoxe : « Ses enregistrements renferment une grâce et une bonne humeur qui donnent l'impression qu'il s'agit d'improvisations saisies sur le vif — personnelles, inspirées, libres. Peu de pianistes savent atteindre une telle jubilation créatrice. »

Non seulement des interprétations saisies sur le vif, mais des *improvisations* ! Nous entrevoyons ainsi, par réfraction, la silhouette changeante de l'idéal gouldien : un enregistrement si parfaitement fabriqué et peaufiné, possiblement grâce à des heures et des jours de jeu et de mixage, qu'il sonne comme si l'interprète composait la musique au moment où il la joue. Gould n'improvisa jamais devant microphone, à la différence de musiciens jazz ou expérimentaux comme Michael Snow ou Keith Jarrett (autre fervent adepte du fredonnement audible[48]). Mais il semblait croire que l'interprétation, accompagnée de ses adjuvants : la collure et la deuxième prise, constituait une forme d'improvisation. Dans une conversation

filmée datant de 1976 — le texte du dialogue fut reproduit ensuite dans *Piano Quarterly* — Bruno Monsaingeon inculpa Gould, qui souvent feignait d'ignorer ou
minimisait l'importance des changements dynamiques
ou refusait de suivre les indications de tempo, de vouloir
« ajouter un élément d'improvisation à toute la musique
du XVIIIe siècle ». Gould admit sa culpabilité, en avouant
gaiement qu'il éliminait les sforzandos chez Mozart ou
qu'il arpégeait les accords écrits plaqués. « Parce qu'ils
attentent à vos prérogatives en tant qu'improvisateur,
j'imagine ? » demanda Monsaingeon. « Non, non, cela va
bien plus loin que ça, Bruno, répondit Gould. Les sforzandos représentent à mon avis [...] un élément théâtral
que mon esprit puritain réprouve avec énergie[49]. »

Gould se plaisait à dire que l'enregistrement apporte
au musicien la liberté dont jouissent les autres artistes : le
peintre peut modifier et recouvrir une partie de sa toile ;
l'écrivain peut effacer et réécrire son manuscrit. L'analogie n'est pas parfaite : en tant qu'interprète, Gould n'est
pas le compositeur, même si ses interprétations peuvent
être considérées comme des œuvres d'art. (Comme je l'ai
mentionné plus tôt, c'est ainsi que je serais tenté de les
considérer.) Le compositeur peut retoucher son morceau
autant de fois qu'il le désire ; il est le seul à pouvoir dire
quand celui-ci est achevé. On s'attend, sur un certain plan
éthique ou esthétique, à ce que l'artiste joue l'œuvre, à ce
qu'il l'interprète du début à la fin. D'où l'idée, probablement atavique mais certainement persistante, que des
artistes qui réalisent des enregistrements devraient être
capables et accepter aussi de jouer devant un auditoire[50].
Le public considère cette forme de jeu comme une preuve

d'authenticité, d'honnêteté artistique — même s'il sait que l'authenticité et l'honnêteté sont des notions instables, voire dangereuses.

Cette instabilité sous-jacente peut être observée dans certains glissements familiers à d'autres formes d'art. Un metteur en scène ou une troupe de théâtre peut décider non seulement de situer une pièce de Shakespeare dans un cadre provocateur — mettons Roméo et Juliette comme rejetons de gangs rivaux californiens —, mais de couper des parties entières du texte par souci de brièveté. Ces libertés sont tolérées pour diverses raisons : économie de la représentation, cohérence du récit. Nous acceptons ces choix, le cas échéant, comme étant légitimés par la situation même ; c'est-à-dire qu'ils découlent normativement des exigences de la représentation. Cet acquiescement n'est pas du même type que celui par lequel nous suspendons notre incrédulité quant au temps requis pour tourner les scènes d'un film ou à l'ordre dans lequel elles ont été tournées.

C'est principalement au cinéma que Gould se réfère dans ses comparaisons — il y revient constamment, y compris dans l'ultime justification qu'il donna de son retrait, dans une « fantaisie » à plusieurs voix incluse en 1980 sur un disque anniversaire produit par la Columbia. Un musicien enregistrant un morceau peut effectivement ressembler à un réalisateur travaillant avec des acteurs et un scénario, tournant prise sur prise, et commandant l'ordre des scènes selon des considérations pratiques et en fonction du résultat final. Même en visant un effet hautement artificiel de *réalité* ou d'*immédiateté*, aucun réalisateur ne consentirait à reproduire son travail en direct. Compte tenu de la nature de ce médium, il est d'ailleurs un peu difficile d'imaginer quelle forme pourrait prendre ce direct.

La carrière de Gould coïncida avec un changement d'attitude à l'égard de la musique. Sa carrière couvrit une période durant laquelle la musique enregistrée atteignit, pour la première fois de son histoire, des niveaux d'exactitude et d'accessibilité impressionnants. Gould eut l'audace d'affirmer que les enregistrements n'étaient pas un substitut des concerts, mais un médium à part entière. Cela est exact. Mais là où il se trompa, c'est en pensant que cette transition s'effectuerait sur un mode binaire, que l'apparition d'un nouveau médium rendrait l'ancien désuet. Comme McLuhan aurait pu le lui dire — et peut-être le lui a-t-il dit, en l'une ou l'autre des nombreuses occasions où ils se sont rencontrés —, un nouveau médium ne remplace pas un médium ancien, il l'englobe tel un nouvel anneau dans un tronc d'arbre. La musique enregistrée n'annule pas la musique en direct, de même que la télévision n'annule pas la radio, et que la radio n'annule pas les journaux. À cause de cette erreur élémentaire, la prémisse sur laquelle se fondait le raisonnement de Gould contre le concert ne pouvait qu'être fausse.

Les vraies raisons pour lesquelles il fut un *concert dropout* ne sont pas de nature philosophique ; elles sont d'ordre psychologique. Cela ne veut pas dire qu'elles soient simples ou aisées à comprendre. Cela lui convenait d'afficher cette position, de manifester son refus face au système ; d'où le recours à l'idée alors en vogue de déserter l'institution et de passer à l'électronique : Gould, le

Timothy Leary de la musique classique. Mais cela faisait aussi son affaire parce que le concert ne lui plaisait pas et non parce qu'il le considérait condamnable. Cette seconde raison n'est qu'une construction visant à camoufler la première. Et ce camouflage, perçu à un autre niveau de sa psyché, plaisait un peu trop à ce maître du déguisement et de la fabrication de personnages. Gould ne joua pas tant son *silence* que son *refus*, une sortie de scène savoureuse et éternellement reproduite.

Mais ce n'est pas tout. L'ironie derrière tout cela, c'est que le retrait apparent de Gould en faveur de l'enregistrement constituait en fait un geste hautement compétitif, le plus compétitif de tous puisqu'il reposait sur les avancées de la technologie et portait sur l'enregistrement lui-même. La musique enregistrée est, selon la terminologie des économistes, une activité *à échelle* : un effort unique peut rapporter des profits répétés sans effort additionnel. Reproduite sur vinyle puis distribuée, une seule séance d'enregistrement peut rejoindre un vaste public que se seraient autrefois partagé plusieurs musiciens en chair et en os. Ainsi, chaque disque de Gould diffusé sur le marché diminue la probabilité qu'un autre musicien puisse se faire entendre. Comme les best-sellers et les super-productions, les enregistrements à succès participent d'un marché foncièrement injuste où le vainqueur remporte toute la mise ; la seule différence, c'est que les rivaux ne sont pas ici d'autres livres ou d'autres films, mais toutes les formes d'expérience musicale. Parlez d'anéantir la compétition !

9

Temps

Toute musique possède une signature rythmique, laquelle va des communs 2/4 et 3/4, que nous pouvons entendre tous les jours, jusqu'aux ésotériques 7/4 et 9/8, qu'on rencontre chez Bartok, aux 10/4 des chansons de Radiohead, ou aux performances casse-cou en 19/16 de Carlos Santana et de l'orchestre Mahavishnu ou des Mothers of Invention de Frank Zappa. Quel que soit son degré de complexité rythmique, toute musique repose sur la prémisse que le temps est disponible et, plus exactement, divisible. Aucun arrangement de temps et de notes ne pourrait exister sans cette prémisse qui est donc essentielle à cette chose que nous appelons la musique. Mais qu'est-ce, après tout, que le temps? Sur quoi repose sa divisibilité?

Avec sa superbe habituelle, le grand philosophe écossais David Hume considérait que cette question était piégée et oiseuse. Lorsque nous cherchons à examiner la question du temps, nous ne voyons rien, puisqu'il n'y a rien à voir. Le temps est une abstraction issue de l'expérience que l'expérience elle-même ne peut saisir; ainsi reflète-t-il la tendance bien connue des idées à sombrer dans le délire lorsqu'elles ne sont pas disciplinées par le scepticisme philosophique. Toutes nos connaissances, logique et mathématique mises à part, découlent d'impressions sensorielles, et l'examen critique révèle que nos sens ne peuvent percevoir cette chose que nous appelons le *temps*. L'une des conséquences, et non la moindre, de cette idée, c'est que ce que nous appelons le moi n'est rien d'autre qu'une fiction de la mémoire, construite à partir des souvenirs du passé ; et qu'il est impossible de prédire l'avenir en s'appuyant sur l'apparente stabilité des événements passés.

Ces conclusions peuvent sembler contre-intuitives, mais la raison a peu à dire pour s'y opposer — outre que l'idée même d'expérience est problématique. Hume postule l'existence d'une *succession de perceptions* qui serait transformée en sentiment du moi et de la temporalité. Mais qu'est-ce qui rend possible cette succession de perceptions ? Ne repose-t-elle pas sur une *perception de la succession* ? Autrement dit, comment concevoir l'idée même d'expérience sans un principe de continuité et d'ordre ? La réponse de Kant au « scandale philosophique » de Hume était que le temps — et l'espace — constituent probablement des données préexistantes de la sensibilité et que celles-ci rendent possible l'expérience elle-même. Nous ne faisons pas l'expérience de ces données ; elles sont les conditions nécessaires de n'importe quelle forme d'expérience. Nous ne pouvons les connaître de manière empirique ; mais nous pouvons et devons nous fier à l'ordre qu'elles instaurent pour qu'il existe une telle chose que le savoir empirique[51]. Comme tout musicien doué, Glenn Gould rend plus explicite à travers son jeu l'articulation qui sous-tend ces postulats complexes. En fait, une bonne part du jeu de Gould porte sur le temps lui-même — lorsqu'il s'amuse avec le tempo, naturellement, mais aussi avec l'articulation, au moyen de riches et délicats subterfuges temporels —; il révéla ainsi qu'il était un maître de la sensibilité. J'ai dit plus tôt que Gould *jouait avec le silence* et non avec des notes, y compris pour ce grand silence qu'a constitué sa décision de ne plus jouer en concert. Serait-il plus juste d'affirmer, après tout, qu'il *jouait avec le temps lui-même* ?

Mais qu'en est-il alors de la *divisibilité* du temps, sans laquelle ce jeu ne serait pas possible de prime abord ? Sans mesure ni division, la musique ne peut exister. On pourrait considérer que mesure et division sont la musique même, puisque le son ainsi ordonné constitue les relations et les structures que nous percevons dans la composition et le jeu. Un klaxon d'automobile produit une note — la plupart du temps un *fa* ou un *sol,* nous dit-on —, de même que le cri d'une mouette ; mais ni l'un ni l'autre ne sont de la musique, bien que ces notes puissent y figurer. (Laissons ici de côté les klaxons faits sur mesure qui reproduisent les quatre premières notes de la Cinquième symphonie de Beethoven ou les premières mesures de « Dixie ».) Lorsqu'ils sont convenablement ordonnés, c'est-à-dire sur une gamme ascendante avec une signature rythmique, ces sons créent (la possibilité) de la musique. L'arrangement musical habituel, représenté visuellement par la partition écrite, est une négociation avec le temps et avec les sons : la portée se prolonge aussi bien horizontalement que verticalement.

Les règles de la notation musicale ne commencèrent

à s'imposer qu'au XVIe siècle, mais elles furent adoptées rapidement dans toute l'Europe ; au milieu du XVIIe siècle, elles étaient fermement établies. La musique elle-même, il va sans dire, est beaucoup plus ancienne. En ce sens, la notation musicale fondée sur la divisibilité du temps évoque la précision des horloges mécaniques qui apparurent quelque part au XIIe siècle. Auparavant, aussi utiles et précis qu'ils fussent, les appareils de mesure du temps ne suivaient pas la logique unitaire des horloges mécaniques, qui seules pouvaient effectuer des mesures précises et constantes. L'expérience et la mesure du temps précèdent l'invention de l'unité de temps : toutes les civilisations ont vécu avec le soleil et la lune, avec le passage des saisons.

La divisibilité du temps doit donc être conçue comme une propriété ayant émergé à partir de notre expérience vécue, et non comme une condition nécessaire de cette expérience, tel qu'on pourrait le croire rétroactivement. Autrement dit, nous nous arrêtons et considérons notre sentiment que le temps a filé, puis nous comptabilisons ce sentiment avec les unités d'une échelle de mesure fiable. Nous trouvons utile et même nécessaire d'agir ainsi. Mais cette division, comme toute forme de mesure, ne peut éviter le détour de l'abstraction — encore une illusion *post facto*, quoique nécessaire. Une fois mises en place, ces abstractions forment de puissants outils au service des buts que l'humain se donne. Mais ils ne sont que ça, des instruments, et ils reposent sur le postulat tacite de leur usage. Ce qui rend possible la mesure et la division, selon l'idée provocatrice du philosophe Michel Foucault, c'est « l'*a priori* historique » — non pas l'*a priori* synthétique de Kant, mais les conditions assumées et non nécessaires de sa possibilité pratique. Nous pouvons diviser le temps non pas parce que préexisterait quelque unité essentielle de temps, mais parce que nous acceptons l'imposition de cette structure — source de violence et de liberté, comme toute grille — sur notre suspension dans la dimension temporelle.

Un abîme sépare chaque note; le vide menace à chaque silence. Le temps mesuré, le temps musical, est une frêle passerelle jetée au-dessus de ces vides. Considérons ce que disait Count Basie : « Ce qui compte, c'est les notes que vous n'entendez pas. » Ou Gould lui-même : « [La grande musique] est l'argument suprême de l'individualité qui soutient que l'homme peut créer sa propre synthèse du temps sans être lié par la conformité que le temps voudrait lui imposer[52]. »

On ne peut que se demander si Gould, dans ses élans de passion, aimait vraiment jouer de la musique. Pas seulement en concert, veux-je dire, mais en général. Cette question n'est pas oiseuse. Dans le film qu'a tourné Bruno Monsaingeon sur l'enregistrement des *Variations Goldberg* de 1981, l'une des plus impressionnantes démonstrations de génie captée grâce à la maîtrise exceptionnelle d'un autre médium, nous voyons un homme perdu dans la musique, perdu dans le temps, au doigté souple — il est alors âgé de quarante-neuf ans ! — exécutant une sorte de fragile traversée de la temporalité. Transporté, oui. Mais heureux, exalté ? Peut-être le prisonnier volontaire de ses désirs, comme un toxicomane ? Emprisonné et libéré dans un seul et même instant, à la fois meneur et mené, n'apprivoisant pas le temps mais marchandant avec lui…

10

Architecture

Vous avez peut-être déjà entendu l'affirmation : *Écrire sur la musique, c'est comme vouloir danser sur l'architecture*. En fait, vous l'avez sûrement déjà entendue plus d'une fois, puisqu'elle a été attribuée à toutes ces personnes : David Byrne, Steve Martin, Elvis Costello, Miles Davis, Frank Zappa, Lester Bangs, Gertrude Stein, Laurie Anderson, Thelonius Monk, Brian Eno, Louis Althusser, Woody Allen et Clara Schumann. Belle brochette d'invités pour un dîner !

Cette idée est pourtant une pure absurdité, quoiqu'une absurdité probablement excusable. Peu de musiciens aiment les critiques. Gould lui-même les réprouvait, bien qu'il eût manifestement soif d'une juste appréciation intellectuelle — c'était l'une des raisons qui sous-tendaient la création de personnages parodiques qui livrent leur opinion sur son travail. L'absurdité se déploie sur deux fronts : premièrement, elle suppose qu'on ne peut écrire au sujet de la musique parce que l'écriture est un médium qui n'est pas celui de la musique. Selon cette vue, insensée si on la prend au pied de la lettre, la musique serait la seule réaction possible face à de la musique. Deuxièmement, elle suppose que l'inutilité d'écrire à propos de la musique serait prouvée analogiquement par l'acte supposément loufoque de vouloir danser sur l'architecture. Mais, pourrions-nous demander, qu'y a-t-il de si loufoque dans l'idée de vouloir danser sur l'architecture?

L'architecture a déjà été définie comme de la *musique à l'état solide,* description fantaisiste mais qui traduit une intuition essentielle. L'architecture et la musique se ressemblent en ce qu'elles prolongent des structures dans le temps; elles sont deux façons d'inscrire le temps dans l'espace. Les formes *a priori* de la sensibilité selon Kant ne nous sont ici d'aucune utilité. La conscience est cette mystérieuse capacité à spatialiser le temps, à faire se déplacer un « moi » dans un espace métaphorique. Ces métaphores font notre humanité : la métaphore est un lien, elle est ce par quoi l'esprit se lie au monde en le recouvrant. Le philosophe Henri Lefebvre démontra en 1967 le rapport qui unit l'esprit et le monde à travers les formes bâties : « Un espace n'est que l'inscription dans le monde d'un temps », affirma-t-il; « les espaces sont des réalisations, des inscriptions dans la simultanéité du monde extérieur d'une série de temps, les rythmes de la ville, les rythmes de la population urbaine. » Lorsqu'il est vécu et partagé à travers les places publiques, les rues et les bâtiments, l'espace se révèle être une forme de *temps.* « Je puis vous proposer cette idée, enchaîna Lefebvre, que la ville ne sera véritablement repensée, reconstruite sur ses ruines actuelles, que lorsqu'on aura bien compris que la ville est un emploi du temps[53]. »

La spatialité des formes bâties peut parfois obscurcir

ou neutraliser la temporalité qu'elles édictent, le façonnement du temps en forme. De manière plus fondamentale, nous nous trouvons à coexister avec ces formes d'instant en instant, de jour en jour, même lorsque nous percevons comment, en cette marge complexe et perméable, un édifice se débat avec son environnement, le site où il se trouve et le contexte urbain. Mais une forme bâtie accomplit plus que cela ; elle impose à la conscience qui se berce de temps une orientation, un mouvement, une utilité — ce que les architectes appellent un *projet*. Un édifice n'est pas comme une peinture, qui semble se donner *in toto* et tout d'un coup, séparée qu'elle est du reste du monde par son cadre évident — quoique cette apparence soit trompeuse, car nous devons nous attarder devant une toile pour réellement l'apprécier, tandis que certaines toiles peuvent chercher à subvertir ou à déborder leur cadre. Simultanément, la temporalité apparente de la musique, son être vécu dans une succession d'instants, peut avoir comme effet d'obscurcir *tout en le faisant naître* le sentiment que nous avons du plan que suit un morceau, de la façon dont il est construit.

C'est de cette dimension qu'il s'agit lorsque nous parlons de l'architecture d'une œuvre, et cet usage n'est pas sans fondement. La racine grecque *arché* signifie « premier principe », ou « commencement du monde ». L'architecture, le façonnement *(tekton)* des formes premières, est ainsi le plus primordial de tous les arts, plus encore que la philosophie, du moins selon l'étymologie. Sans un premier principe, il ne peut y avoir de commencement ; et sans un commencement ordonné, pas d'organisation qui puisse se projeter vers l'avant. Ce même sentiment d'un ordre nécessaire se manifeste aussi en d'autres lieux où l'architecture apparaît de façon métaphorique : l'architecture d'un ordinateur, l'architecture des systèmes, l'architecture bureaucratique (usage ironique, peut-être, du mot).

L'architecture musicale, à la différence des formes bâties, est invisible. C'est pourquoi un interprète comme Gould n'est pas qu'un maître de conférence animant la visite guidée d'un édifice musical, mais un cocréateur, presque un architecte associé. Pour qu'elle puisse se concrétiser, la musique a besoin de la qualité positive du son, de la percussion audible des notes à travers l'air vibrant. En ce sens, nous n'entendons pas la musique. Ce que nous entendons, ce sont des sons, des notes éparpillées au sein d'une progression et de telle manière qu'une structure sous-jacente se révèle en quelque sorte — mais pas tant aux sens qu'à l'intellect.

Il en découle que l'expérience musicale est un entrelacement complexe du sensible et de l'intelligible, sommairement dit du corps et de l'esprit, où l'auditeur organise les sons qu'il perçoit afin de reproduire — ou devrions-nous dire incarner ? — la structure invisible qui donne sa ligne au morceau. Comme le notait Gould dans un article publié dans la *HiFi/Stereo Review* à l'occasion du lancement de « Vous voulez donc écrire une fugue ? », « la persistance du phénomène de la fugue témoigne bien du degré auquel certains procédés particuliers à sa structure même — les procédés du sujet et de la réponse — sont enfouis, acoustiquement et psychologiquement, dans la conscience de l'homme moderne[54] ».

Ce serait une erreur de penser, en se fondant sur ces

intuitions, que la musique est un art purement intellectuel, ou que des structures sonores simples ou primitives ne sont pas suffisamment complexes pour être qualifiées de « musique ». Même des rythmes et des structures de chansons épousant des patrons simples présentent des effets de contraste auxquels répond la conscience humaine ; sinon il n'y aurait pas moyen de comprendre l'attrait durable d'un rythme de tambour, d'une progression à trois accords, ou du modèle peu exigeant couplet-refrain-pont qu'on retrouve couramment dans la musique populaire.

Gould était particulièrement attiré par l'architecture musicale, comme beaucoup de musiciens dotés d'une haute intelligence. La beauté mathématique du style baroque, et spécialement de la fugue, appelle un plaisir intellectuel raffiné. Parfois il était attiré par ce qui était sous-entendu dans la musique sans y être réalisé. À propos de Gibbons, dont il qualifiait les compositions pour le clavier de « tiède virtuosité », Gould affirma qu'« on ne peut jamais tout à fait se défendre d'éprouver le sentiment d'une musique suprêmement belle, à laquelle font cependant défaut certains moyens de reproduction idéale[55] ». Ou bien il supputait l'existence d'un Bach idéalisé derrière ses compositions prosaïques pour le clavicorde, et qui n'attendait que le piano pour être exprimée. Gould parla en plusieurs occasions comme s'il croyait que la réalité suprême de la musique résidait en son idée, dans la structure fournie par l'ossature. D'où cette justification de son fameux fredonnement : entendant la musique dans sa tête, il la transférait au moyen des touches dans le sensorium aérien. Mais cette expression n'était qu'une image physique d'un processus mental, et il en allait de même du fredonnement. En d'autres occasions, il soutenait avec fermeté que la musique est tactile et sonore, et non pas idéale, et qu'elle n'existe pas en dehors du jeu. Mais qu'est-ce que révèle au juste le caractère tactile de la musique ?

L'éloge de l'architecture musicale pourrait créer de la confusion quant à un aspect fondamental de la réalité musicale. À la différence de la forme bâtie, où le plan se réalise d'une manière tangible et indéniable, le rapport entre la musique et ce qui est noté, et entre la partition et l'idée, est continuellement révisé. Cette dynamique découle de la nature de l'exécution musicale, qui est inextricablement liée à la musique elle-même. Lorsque nous parlons de l'architecture d'un morceau, nous parlons de façon métaphorique et transcendantale. La métaphore est puissante, mais le transcendantalisme est trompeur. De la musique non jouée n'est pas vraiment de la musique ; et bien que nous puissions admirer la beauté intellectuelle de la structure en contrepoint chez Bach, nous ne pouvons accepter de réduire la musique à une simple pensée.

Voici la définition que proposait le philosophe et mathématicien Gottfried Leibniz : « La musique est un exercice d'arithmétique secrète, et celui qui s'y livre ignore qu'il manie des nombres. »

Et voici la contre-définition d'Arthur Schopenhauer : « La musique est un exercice de métaphysique secrète, et celui qui s'y livre ignore qu'il est en train de philosopher[56]. »

La musique peut être mathématique, mais elle n'est

pas de la mathématique. Elle peut être métaphysique, mais elle n'est pas de la métaphysique. Le jeu ne résume pas ce qu'est la musique ; mais sans jeu il n'y a rien à entendre. La pensée de la musique est une musique mort-née, l'ossature de sa composition n'ayant pas été illuminée.

11

Jeu

J'ai affirmé : *Gould jouait avec le silence.* J'ai dit aussi : *Gould jouait avec la structure.* J'ai même soutenu : *Gould jouait avec le temps.* Mais qu'est-ce que nous voulons dire lorsque nous disons « jouer » ?

« Il est apparu clairement que le nom de *Homo sapiens* convenait moins bien à notre espèce que l'on ne se l'était figuré jadis », écrivit l'historien de la culture Johan Huizinga en 1938, « parce qu'en fin de compte nous ne sommes pas aussi raisonnables que l'avait imaginé le siècle des Lumières dans son naïf optimisme […]. » D'autres étiquettes virent alors le jour : *Homo faber,* l'homme qui fabrique ; *Homo economicus,* l'homme qui échange. Huizinga proposa *Homo ludens,* l'homme qui joue.

Le jeu est présent dans toutes les cultures ; dans chacune il est conçu comme une fin en soi et ne pouvant être assimilée à aucune autre. « L'existence du jeu affirme de façon permanente, et au sens le plus élevé, le caractère supralogique de notre situation dans le cosmos », affirma Huizinga. « Nous jouons, et nous sommes conscients de jouer : nous sommes donc plus que des êtres raisonnables, car le jeu est irrationnel. »

Irrationnel, mais non sans raison, car le jeu répond à des nécessités épistémologiques et physiques qui ne peuvent être satisfaites d'aucune autre manière. Le jeu est volontaire et désintéressé ; il peut être sans cesse répété et se distingue nettement des intérêts de nature catégorique ou utilitaire qui définissent la vie humaine. « Si le jeu demeure en dehors de la disjonction entre sagesse et sottise, il reste tout aussi éloigné de l'antithèse du vrai et du faux. De même, de celle du bien et du mal. Le jeu en soi, s'il constitue une activité de l'esprit, ne comporte pas de fonction morale, ni vertu ni péché[57]. »

Le jeu est différent des jeux, bien qu'il puisse constituer et constitue souvent un élément central de ces derniers. Les jeux sont des formes structurées de jeu et peuvent, à cet égard, être soumis à des évaluations extérieures, notamment sur le plan de la vertu — le critère de différenciation étant clairement exprimé par la distinction entre le franc-jeu (vertueux) et les stratagèmes (suspects)[58]. On peut par ailleurs distinguer les jeux *finis,* dont l'issue est prédéfinie et généralement limitée dans le temps (y compris les limites non temporelles entre les prises et les manches), des jeux *infinis,* où le jeu peut continuer aussi longtemps que le veulent les parties. La plupart des sports, tous les sports professionnels et de compétition, sont des jeux finis. La plupart des jeux d'enfants, les jeux de cartes et certaines formes de conversation sont des jeux infinis[59].

La musique occupe une place particulière dans le monde du jeu. Comme le remarque Huizinga, le verbe *jouer,* quand il est utilisé pour évoquer la manipulation des instruments de musique, se trouve à la fois dans la famille des langues arabes et dans la famille des langues slavo-germaniques. Cette convergence plutôt rare des langues orientales et occidentales laisse entendre que la notion de jeu est profondément incrustée dans les cultures humaines. Musique et jeu se rejoignent en ce que l'une et l'autre sont intangibles, transcendants, ritualisés, sans utilité pratique. Dans le monde de la Grèce antique, les Muses ne gouvernaient pas seulement l'harmonieuse expression des instruments de musique ; elles étaient la source d'inspiration de toutes les formes de création, dont la danse et la poésie, la perfection de la création musicale émanant de la combinaison entre l'ordre incarné par Apollon, Seigneur des Muses, et l'esprit inspirant de Dionysos. Selon Platon, telle était la vision particulière — indisciplinée et dangereuse, mais sacrée aussi — des individus inspirés par la divinité. La musique remplirait une fonction éthique : l'harmonie extérieure favorise l'harmonie intérieure, bien qu'il s'agisse d'une propriété évanescente. Pour Aristote, la perfection musicale provient de la forme privilégiée d'oisiveté qu'elle suppose : lorsque nous écoutons ou jouons de la musique, nous ne désirons pas faire autre chose et ne sommes pas disponibles pour une autre activité. Cette conception aristotélicienne de l'oisiveté contemplative en laquelle résiderait le but de la vie, conception qui relègue le travail au domaine de la simple nécessité, semble cependant assez peu pratiquée dans ces concerts auxquels nous assistons le samedi soir, marchandise dégradée du loisir consumériste[60].

Ni l'une ni l'autre de ces visions n'a pu survivre à l'avènement de la modernité, mais on en trouve toujours des traces et pas seulement sur le plan de l'étymologie. Même lorsqu'elle n'est pas liée aux fins d'une Église ou d'une secte, la musique instrumentale demeure la plus éthérée des formes d'art, la mieux immunisée contre les pièges du didactisme et de la représentation qui guettent les artistes œuvrant dans les autres médias. Les éléments qui la structurent sont plus malléables que les vingt-six lettres de l'alphabet; ils mêlent la hauteur du son, le rythme, les dynamiques, le timbre, le tempo — ainsi que le volume — en une gamme apparemment infinie de possibilités. Il est difficile d'imaginer un jeu plus infini que celui auquel on s'adonne devant le clavier, où chaque commencement et chaque fin constituent un épisode et non une finale, encore moins une victoire ou une défaite.

La partition qui se trouve devant nous représente certes un chemin défini parmi toutes ces possibilités. Une interprétation peut jouer avec les contours et la texture du chemin, mais elle ne peut le quitter sans, pour ainsi dire, cesser de jouer le morceau qu'il représente. C'est pourquoi certains musiciens considèrent que l'improvisation est la seule forme véritable de jeu musical; le reste ne serait que récitation. Il faut du courage pour se lancer en territoire (à jamais) inconnu — à moins que la séance ne soit enregistrée. L'improvisateur invente au fur et à mesure. La temporalité foncière de la musique, sa structure fondée sur l'anticipation et la résolution, repose alors plus fermement que jamais sur la négociation de l'instant, au lieu de résider — ou de se cacher? — dans l'architecture de la partition.

Mais ce serait aller trop loin de dire des musiciens qui n'improvisent pas qu'ils sont des pleutres qui se servent de la partition comme d'une béquille. Mais n'y a-t-il pas quelque chose de sécurisant et de réconfortant dans la certitude enveloppante d'une partition, même redoutable ? Le morceau est le berceau du joueur, qui le protège de tout ce que la partition ne contient pas, car il n'y a rien d'autre que la partition. Le chemin est balisé ; il ne reste qu'à le suivre, si on en est capable. Dans la mesure où il réactive chez le joueur, chaque fois qu'il joue, ses longues heures de répétition, le muscle mémoriel hautement sophistiqué de la cognition physique, le jeu musical s'avère en fait un distillat de la répétition. Gould frappe de telle manière telle touche en cet instant parce qu'il a déjà frappé cette touche un millier de fois dans la même séquence, avec la même attaque et le même relâchement. Voilà l'ultime repos pour un maniaque du contrôle, le havre tranquille de l'extrême difficulté qui rencontre une sereine maîtrise. Un jeu sérieux.

12

Maladie

Il n'est plus possible de déterminer si, comme on l'a suspecté, Gould souffrait du syndrome d'Asperger, forme d'autisme qui laisse les facultés cognitives et linguistiques à peu près intactes mais se manifeste par un comportement antisocial et, souvent, par des tics physiques caractéristiques.

Apparaissant pour la première fois dans le manuel de l'Association psychiatrique américaine en 1994, ce syndrome ne constitue pas, loin de là, une catégorie médicale fixe : ses symptômes sont variés et peuvent provenir également d'autres maladies. L'affirmation selon laquelle Gould souffrait de ce syndrome échappe aujourd'hui à toute vérification et nous ne pouvons donc statuer sur sa valeur de vérité. Elle n'est ni vraie ni fausse, et il en sera toujours ainsi. Néanmoins, la théorie selon laquelle Glenn Gould remporterait la palme en tant que Cas Exemplaire d'Asperger reste populaire chez ceux qui tentent d'expliquer la rencontre de son génie et de sa bizarrerie. Comme plusieurs personnes atteintes du syndrome d'Asperger, mais aussi comme la plupart des musiciens de premier plan, Gould excellait dans la mémorisation et la reproduction des morceaux appris par cœur. Le champ de ses intérêts était limité, mais il se concentrait entièrement, voire compulsivement, sur ceux qui l'animaient. Il donnait libre cours à son désistement social en public et en privé. Il avait assurément une personnalité excentrique. Et le culte qu'il voua toute sa vie à son Steinway CD 318 maintes fois retapé témoignait peut-être d'un « attachement particulier aux objets inanimés », selon la phraséologie de la littérature diagnostique[61].

Mais tout cela ne prouve rien. À supposer que Gould souffrît bel et bien du syndrome d'Asperger, qu'est-ce que cela changerait ? Cela ne permettrait pas d'élucider l'attrait de son jeu, pas plus que n'importe quelle explication biomécanique ou, même, sociobiologique. Le seul mérite que nous puissions accorder à l'idée que Gould était un *aspie* (comme se désignent elles-mêmes les personnes atteintes du syndrome), c'est qu'il se retrouverait en compagnie des personnes douées qui ont été placées sur cette liste, laquelle comprendrait, selon une source enthousiaste, les philosophes Jeremy Bentham et Ludwig Wittgenstein, les cinéastes Steven Spielberg et Tim Burton, le mathématicien Alan Turing, l'inventeur Nikola Tesla, le golfeur Moe Norman, le lanceur des Phillies de Philadelphie Steve Carlton, le musicien new-wave Gary Numan, et le natif de Pittsburgh Andy Warhol[62]. Voilà un jeu amusant sur le thème du génie excentrique ! Une autre liste, plus longue encore, cite les noms de Jane Austen, Emily Dickinson, Mozart, Beethoven, Isaac Newton, Henry Ford, Kafka, Mahler, Nietzsche, Kandinsky, Alfred Hitchcock, Bobby Fisher, Bill Gates, Woody Allen, Bob Dylan, Al Gore, Keanu Reeves et, dans un double-jeu que Steve Carlton aurait apprécié, le concepteur des *Peanuts,* Charles Schulz, et l'esprit derrière les Muppets, Jim Henson[63].

Eh bien, certes — pourquoi pas? Rendu là, le syndrome d'Asperger commence à ressembler aux fameuses et perfides chroniques à potins où il n'y a qu'une chose qui soit pire que d'y être nommé, c'est de ne pas l'être. Quel créateur qui se respecte ne voudrait pas présenter un ou deux symptômes afin de pouvoir figurer sur cette liste? Et puis, même si on supposait que ces listes fussent cliniquement exactes — un énorme « si », puisqu'elles ne le sont pas et ne peuvent l'être —, l'invocation du syndrome d'Asperger en tant que facteur explicatif ne peut qu'être inopérante. Une catégorie capable de réunir des créateurs aussi différents, sans parler des milliers d'inconnus ayant reçu ce diagnostic, est beaucoup trop large et insuffisamment définie pour nous apprendre quoi que ce soit d'intéressant à leur sujet. Pour cela, il faut les regarder de la seule façon possible, à travers leurs propres accomplissements. C'est comme ça qu'on joue correctement le jeu.

Dès le début des années 1950, Gould consommait des médicaments de toutes sortes, principalement pour traiter son anxiété et divers symptômes physiques. À la fin de sa vie, il ingérait un cocktail varié de pilules contre l'hypertension, l'anxiété, l'insomnie et un mal-être général. En plus de médicaments comme le Valium, qu'il obtenait de plusieurs médecins et parfois à l'insu l'un de l'autre, Gould prenait toutes sortes d'analgésiques, de somnifères, de vitamines et de suppléments alimentaires vendus sans ordonnance. Ses cycles d'automédication étaient imprévisibles ; quelques-uns de ces médicaments avaient pour but de corriger les effets secondaires d'autres médicaments, l'addition d'un nouveau médicament devait contrer les symptômes causés par le dernier médicament, et ainsi de suite. Dès ses premières séances d'enregistrement en studio, les flacons colorés faisaient partie des accessoires du génie, avec les gants et l'écharpe, la chaise étrange, les biscuits à l'arrow-root et les bouteilles d'eau minérale.

Cela, toutefois, n'avait rien d'un tic. L'hypocondrie et l'anxiété généralisée de Gould provoquaient une spirale de dépendance où le symptôme finissait par se confondre avec le remède, où toute maladie devenait iatrogène, le médicament maladie. (Comparons avec la sagesse antique du poète Martial s'adressant à son médecin : « Avant que tu viennes, je n'avais pas la fièvre. ») Certaines faiblesses dans la constitution de Gould remontent cependant à loin, et l'épisode pharmacologique final pourrait faire oublier les racines de sa souffrance. Un incident curieux survenu en 1959 allait ouvrir un chapitre qui ne s'est refermé qu'avec la fin des années 1970 et la descente de Gould vers la mort.

Le 8 décembre 1959, Gould se trouvait à New York pour rencontrer des techniciens de la compagnie Steinway. Son bien-aimé CD 318 avait besoin de réglage, comme à de multiples occasions au cours de sa vie en compagnie de Gould, qui en affectionnait l'action légère et la clarté sonore. Gould s'amusa des critiques qui lui reprochaient de jouer sur un piano accordé et réglé pour sonner comme un clavecin. Mais sa justification est claire et reflète sa philosophie générale de la musique. « Il se trouve que je n'aime pas le piano en tant qu'instrument, confia-t-il à un intervieweur. Je préfère le clavecin[64]. » Il avait d'ailleurs expliqué déjà que le CD 318 « est un piano qui ne ressemble à pratiquement aucun autre au monde, un piano extrêmement disponible, avec une immédiateté tactile presque comme celle d'un clavecin. Il me donne la sensation d'être pour ainsi dire au contact des cordes, et de totalement contrôler chaque chose — contrairement aux pianos modernes qui semblent pourvus d'une direction assistée : ce sont eux qui vous mènent et non l'inverse[65] ». À cette occasion, où il bavarda avec plusieurs employés de la Steinway, Gould fut accueilli avec une tape amicale dans le dos par le technicien en chef, William Hupfer.

Les comptes rendus divergent quant à la force de la tape qui fut donnée et quant à savoir si cette tape en était une ou non, et ainsi de suite. Ce qui est sûr, c'est que Hupfer se trouva en présence de Gould et que ce dernier, après un vif mouvement de recul, se plaignit d'une forte douleur. Des spéculations nombreuses cherchèrent à déterminer si l'incident avait ranimé une ancienne blessure au dos remontant à l'enfance de Gould, lorsqu'il était tombé du bateau familial, ou s'il ne s'agissait pas d'un phénomène psychosomatique. Quoi qu'il en soit et en dépit du fait que le rapport du médecin ne mentionnât aucune apparence de blessure, Gould se mit à dire qu'il souffrait d'un mal aigu, qu'il ressentait des engourdissements dans les doigts de sa main gauche ainsi que des douleurs à l'épaule. Il est possible que l'impact, ou son effet imaginé, ait pu aggraver le froissement d'un muscle qui embêtait Gould. Quant à ce dernier, il prétendait que Hupfer avait délogé son omoplate. Il entreprit des traitements orthopédiques et chiropratiques et annula de nombreux concerts, et ce bien qu'en certaines occasions il donnât des interprétations très énergiques.

Au printemps 1960, un chirurgien orthopédique de Philadelphie, Irwin Stein, accepta de poser un plâtre sur le haut du corps de Gould, qui se retrouva avec le bras gauche soulevé au-dessus de la tête. Gould garda cette curieuse posture de guérison pendant un mois et conserva de cette période d'inconfort un dégoût irrationnel pour Philadelphie, où il annula d'ailleurs un concert l'année suivante. La tape de Hupfer lui fournissait maintenant une excuse pour éviter ou décommander tout engagement qui ne lui tenait pas à cœur, de la simple poignée de main à des inconnus jusqu'à l'entière tournée européenne de 1960.

Elle lui donna aussi une raison de poursuivre la Steinway. Deux jours seulement avant le premier anniversaire de la tape, le 6 décembre 1960, Gould déposa une poursuite contre Hupfer et sa compagnie, exigeant 300 000 dollars en dommages-intérêts. La compagnie répliqua en révoquant son statut d'artiste Steinway et en le bannissant de Steinway Hall. L'été suivant, au mois d'août 1961, le différend fut réglé à l'amiable; Gould accepta le recouvrement de ses frais légaux et médicaux qui s'élevaient à 9 327,35 $. Il fut réintégré en tant que membre apprécié de l'écurie Steinway — mais tous les employés avaient maintenant reçu l'instruction expresse de ne plus lui serrer la main. On ne dit rien des tapes dans le dos; on peut présumer qu'elles étaient exclues d'office.

Dix-huit ans plus tard, en juin 1977, Gould se plaignit d'une perte de motricité au niveau des mains — un engourdissement, une dysfonction semblable à celle qui s'était manifestée après la tape de Hupfer (on ne peut honnêtement dire qu'elle eût été causée par elle). Cette fois, cependant, il n'y avait pas de Hupfer; Gould ne pouvait extérioriser la source de son mal-être ni poursuivre qui que ce soit. Il dut donc l'intérioriser, d'une manière qui allait devenir caractéristique. Ses journaux intimes de cette période font état d'une longue série d'expériences, relatées dans un langage pseudo-scientifique, où Gould cherche à diagnostiquer la faille dans la mécanique physique. Il démonta son jeu de la même façon qu'un golfeur professionnel déchu démolit son swing avec l'espoir de le reconstruire, allant jusqu'à modifier ses expressions faciales comme si cela pouvait assouplir ses doigts rétifs.

Les résultats, comme on peut s'y attendre, ne furent pas heureux. Bien que Gould n'eût pas encore réalisé certains de ses enregistrements les plus précieux, dont les *Variations* de 1981, ses journaux indiquent qu'il ne réussit pas à résoudre le problème de façon satisfaisante. La dernière entrée du journal porte la date du 12 juillet 1978. Il se remit à enregistrer en mai 1979, s'occupa de production radio, dirigea des ensembles musicaux, publia des textes exposant ses idées; mais il est permis de penser qu'il ne fut dès lors jamais rationnellement satisfait de son jeu. Qu'il ait simplement continué à jouer peut être considéré comme une victoire. D'autres maîtres du mouvement répétitif se sont aussi trouvés paralysés par le poids de l'analyse, au point que le plus simple des mouvements devenait soudainement impossible à exécuter — on pense ici au golfeur Ian Baker-Finch, dont la carrière s'effondra lorsqu'il n'arriva plus à reproduire son swing en situation de compétition, ou bien au receveur des Mets de New York Mackey Sasser, qui se trouva un jour incapable de renvoyer la balle au lanceur.

Gould était bien au fait de ce problème. Dans plusieurs textes et interviews qu'il donna au cours de sa carrière, il s'y réfère comme à « l'énigme du mille-pattes », cette historiette enfantine selon laquelle un mille-pattes sait parfaitement comment déployer ses pattes jusqu'à ce qu'on lui demande comment il y arrive. « Je ne veux pas trop penser à ma façon de jouer », répondit-il quand on lui demanda pourquoi il fredonnait, « sinon je deviendrai comme ce mille-pattes à qui on demanda quelle patte il bougeait la première et qui se trouva paralysé juste d'y penser[66]. » En évoquant cette histoire, ainsi que des anecdotes soigneusement polies où il affirmait avoir surmonté des morceaux difficiles seulement si quelqu'un passait l'aspirateur dans la pièce ou qu'un appareil de radio ou de télévision était allumé à tue-tête, Gould cherchait à défendre une conception mentale de la musique. Selon cette optique, la musique serait foncièrement abstraite ; et c'est en tant que condition nécessaire de l'exécution qu'elle serait rappelée dans l'esprit ou reconstruite en lui — l'exécution étant alors au mieux le véhicule non visible de son expression. On observe d'ailleurs que Gould, passionné de conduite automobile, utilisait fréquemment des métaphores véhiculaires pour parler de la musique : un bon piano serait comme une voiture dotée d'une direction à crémaillère ; une bonne interprétation serait comme une voiture bien ajustée dans une course. Dans l'une de ses anecdotes favorites, qu'il a racontée au moins trois fois par écrit et que l'auteur Geoffrey Payzant a surnommée « Un Chickering dans le désert », Gould raconte qu'il conduisit dans le désert israélien une voiture louée chez Hertz afin de retrouver mentalement le mécanisme d'un piano qu'il affectionnait ; et c'est ainsi qu'il put se préparer à jouer sur le piano au mécanisme lâche qu'il avait trouvé à Tel-Aviv pendant sa tournée de 1958[67].

Quand l'exécution devient trop consciente d'elle-même, la médiation lucide entre la pensée et le son est rompue, et c'est alors qu'on trébuche. D'où la nécessaire distraction qu'apportent les yeux fermés, le balancement du corps, le fredonnement, et même des bruits extérieurs — quoique avec ce dernier élément nous approchions du seuil de l'inintelligible. Comme le note Payzant, « on ne peut attendre, pas même des plus inconditionnels lecteurs de Gould, qu'ils acceptent que la musique sonne mieux quand elle ne peut être entendue[68] ». Tous ceux d'entre nous dont la coordination physique n'est pas aussi développée peuvent apprécier le fond du problème, et ce même si nous ne sommes pas convaincus par l'idéalisme musical de Gould (ou par cette version de son idéalisme à laquelle il n'adhéra pas de façon constante). La pensée devient l'ennemi de l'action quand l'action dépend d'une seconde nature. « Ne pensez pas trop sur le terrain », dira l'entraîneur de baseball à ses joueurs, car il sait bien qu'un instant de réflexion entre le lancer et l'élan du batteur, entre la frappe et l'arrêt-court, est le ferment de l'erreur.

Un aspect curieux de ce péril, c'est qu'il suppose que la pensée est importante dans l'idée même d'une seconde nature. Même lorsqu'il défendait la rationalité du geste éthique, Aristote était conscient de l'ampleur de ce problème : dans la plupart des cas, une action désirable se présente sous la forme d'une *phronesis,* d'une sagesse ou d'un savoir-faire pratiques, et non d'une réflexion philosophique poussée. Mais ce savoir-faire — l'une des principales vertus de la pensée — est lui-même le distillat d'une pensée assidue et d'un considérable investissement de temps. Il faut penser d'abord, en imitant et en pratiquant le bien. Ensuite, et seulement ensuite, nous serons prêts à agir au lieu de penser, à agir sans penser, pour ainsi dire, à agir *au-delà* de la pensée. Quand nous exécutons quelque chose à la perfection, c'est parce que nous sommes les vaisseaux du désirable et non ses « élocuteurs ». L'élocution empêcherait sa réalisation.

On pourrait spéculer éternellement sur les causes de l'effondrement de Gould à la fin de sa carrière ; on a cité la mort de cette perfectionniste qu'était sa mère et les pressions routinières de l'âge mûr. Et il ne fait pas de doute que son hypocondrie, associée aux cycles d'automédication, à l'anxiété et aux moyens financiers qui lui permettaient de s'y complaire, engendra une énergie proprement négative. Mais je crois que l'explication la plus simple est la meilleure et la plus terrifiante. Gould était prisonnier d'un cauchemar, le cauchemar d'un maniaque qui veut tout contrôler. Même lorsqu'il se débattait pour réparer quelque chose qu'il croyait brisé, il était assailli par de nouveaux scrupules concernant les moyens qu'il avait adoptés et se demandait s'il n'était pas plutôt en train d'aggraver le problème. Non seulement son jeu était paralysé par la pensée — il était devenu, pour ainsi dire, le mille-pattes —, mais, pis encore, sa pensée elle-même s'était figée, ressassant à chaque instant sa négativité retournée contre elle-même. C'est l'énergie de la conscience qui se retourne contre son porteur.

La maladie de Gould était sans remède, puisque ce remède, par définition, aurait dû prendre la forme d'un surcroît de pensée ; or la pensée elle-même était la maladie. Il n'y a pas de remède contre cela, car même si Gould avait pu concevoir cette ultime pensée, à propos de la violence de la pensée retournée contre elle-même, aucune issue ne se serait présentée à lui — hormis par l'oblitération de toute pensée, par l'oblitération de la conscience elle-même. Avant d'en arriver là, ne s'offrait à lui que le prolongement de son emprisonnement dans le labyrinthe de sa pensée.

13

Puritain

On a dit de la musique qu'elle était sacrée, qu'elle élevait la pensée. On a dit d'elle aussi qu'elle était le siège d'une lutte, de l'*agon* entre l'individuel et le social.

En dépit de l'origine supposément divine de la musique, ceux qui la jouent ont fait face tout au long de l'histoire à l'indifférence et même au dédain du public, leur habileté étant parfois considérée comme une forme de basse besogne. Aristote considérait les musiciens comme vulgaires et peu dignes de confiance — il suivait ainsi la sanction ancienne qui perçoit le joueur… comme un joueur. Jusque tard dans l'histoire de l'Occident, les musiciens n'ont pu réclamer un statut plus élevé que celui des domestiques. « Au XVIIe siècle encore et plus tard, chaque souverain entretenait sa "musique", comme il entretenait ses écuries », écrit Huizinga. « Haydn lui-même faisait son service en livrée chez le prince Estherhàzy dont il recevait quotidiennement les ordres[69]. » Le silence respectueux et les applaudissements obligés des salles de concert contemporaines remontent à une époque récente et seront peut-être regardés bientôt comme une parenthèse dans l'histoire de la production et de l'appréciation musicales. Lieu de réjouissances turbulentes et enivrées, la salle de banquet médiévale a cédé la place aux soirées de cour, moins vivantes mais aussi peu recueillies, et à sa musique de chambre; puis, au terme de la trajectoire longue mais inévitable de la démocratisation, celles-ci se sont effacées derrière le temple moderne et séculier des orchestres symphoniques et des récitals de piano avec leurs codes de conduite stricts et ritualisés.

Derrière la politesse apparente de l'auditoire, dont certains membres considèrent qu'une quinte de toux ou un éternuement constituent un manque inacceptable de manières, règne un courant profond et silencieux d'animosité. Ceux qui dénoncent — et avec raison — les marmites à pression que sont devenus les concours de musique de notre temps, où de jeunes en habit, transpirant sur leurs violons et leurs pianos, sont jetés les uns contre les autres comme des animaux de foire, auraient intérêt à se rappeler que les duels musicaux existent au moins depuis le jour où Apollon défia Marsyas afin qu'on détermine lequel des deux était le plus doué à la lyre. Des siècles plus tard, en 1709, le cardinal Ottoboni opposa Handel et Scarlatti, le premier s'exécutant au clavecin, le second à l'orgue. En 1717, Auguste le Fort, roi de Saxe et de Pologne, organisa un concours entre J.-S. Bach et un illustre inconnu appelé Marchand, qui eut la grâce ou plutôt la sagesse de ne pas se présenter. En 1726, la société londonienne s'enflamma au sujet de la rivalité entre deux chanteuses italiennes, la Bordoni et la Cuzzoni.

Mais la compétition ne se limite pas aux musiciens et à leurs habiletés. Le goût musical est un indicateur de position sociale, une marque de sophistication. Les querelles entre écoles et compositeurs ont dominé les XVIIIe et XIXe siècles, et Gould lui-même arriva au milieu du XXe alors que le monde de la musique se déchirait au sujet de la dodécaphonie, dont il fut l'un des premiers défenseurs en dépit du penchant que ses enregistrements semblent montrer pour la musique baroque et classique. Le demi-siècle où il vécut coïncida avec la prolifération de la musique populaire et de ses sous-genres, avec toutes les discussions, rebuffades, engouements et rejets qui agitaient ceux qui ne vivaient que pour elle et en faisaient l'objet de disputes entre amis et de féroces chroniques dans les magazines[70]. Comme la plupart des musiciens classiques, Gould était immunisé contre ces discussions opposant les amateurs d'un groupe de musique contre ceux d'un autre groupe étrangement ressemblant — sorte de croisement entre le narcissisme des petites différences dont parle Freud et le désir insatiable de distinction sociale que décrit Veblen —, mais même lui ne put résister à la tentation d'encenser Petula Clark aux dépens des Beatles[71].

Selon une argumentation typiquement retorse et intempérante qu'il déroula dans un article de 1967 pour *High Fidelity*, les chansons de Clark, notamment *Downtown* et *Who Am I?*, s'inscriraient dans la tradition post-mendelssohnienne grâce à la combinaison heureuse d'émotions tristes et de mélodies joyeuses, tandis que les expérimentations quasi orchestrales des Beatles seraient, elles, on ne peut plus factices. « Ils entreprirent de saboter le siège du pouvoir tonal et de la décence avec le même opportunisme que celui qui, dans *Room at the Top*, pous-

sait Laurence Harvey à séduire la fille de Donald Wolfit »,
écrivit-il à propos du quartet de Liverpool. « Leur carrière
n'a été qu'une gigantesque parodie de l'équation : sophistication = extension chromatique. Les prolongations
préméditées à la dominante, les fausses résolutions à la
tonique qu'ils nous infligent […] sont tout simplement
symptomatiques d'une répugnance cavalière à observer
les propriétés psychologiques de l'arrière-plan tonal. » Au
cas où ses vues n'auraient pas été suffisamment claires,
Gould se donna la peine d'ajouter que les « intellectuels
de cafés » avaient adopté les Beatles dans les années 1960
de la même façon qu'ils s'étaient « persuad[és] des
mérites de Charlie Parker dans les années 1940 ou de
Lennie Tristano dans les années 1950[72]. »

C'est à la lumière de ce contexte culturel et critique
qu'il nous faut soupeser l'affirmation de Gould selon
laquelle il était « le dernier puritain ». En 1976, il publia
dans *High Fidelity* — alors devenu l'organe des *pro-
nunciamenti* gouldiens — une entrevue avec lui-même.
(Une partie de cette entrevue est rejouée par Colm Feore
dans le film de Girard *Trente-deux films brefs sur Glenn
Gould.*)

Ce n'était pas la première fois que Gould cédait à
cette vanité. En 1972, il avait réalisé une auto-interview
plus courte où il analysait les « tendances schizophré-
niques » qui l'amenaient à jouer la musique du grand
compositeur romantique Beethoven, qu'il n'aimait pas, à
la différence de celle de Gibbons, qu'il aimait profondément. L'idée principale était qu'on peut interpréter correctement un compositeur détesté, mais non sans un
certain coût psychique.

La deuxième auto-interview couvre un territoire plus vaste ; elle résume les pensées de Gould, alors en fin de carrière, sur l'enregistrement, les concerts, l'avenir et la musique. Elle est remplie à ras bord de cet esprit autoréférentiel qui le caractérise. L'élément le plus frappant réside cependant dans une digression morale et politique qui survient soudainement aux deux tiers de l'entrevue. Après que le Gould interviewé eut expliqué que le gris est sa couleur préférée, le Gould intervieweur lui demanda s'il était en faveur de la censure : « Vous rendez-vous compte que vous commencez à parler comme un personnage sorti d'un roman de George Orwell ? » Ce à quoi le Gould interviewé répondit : « Le monde orwellien ne me fait pas particulièrement peur. [...] C'est d'ailleurs cette tradition [de la liberté individuelle] qui a mis le monde occidental au bord du chaos. [...] Seules les cultures qui, accidentellement ou délibérément, n'ont pas connu la Renaissance prennent l'art pour la menace qu'il est en réalité[73]. »

L'art représente une menace parce qu'il dissocie les mots et les actes. Il instille l'idée que des mots ne peuvent pas causer de mal ; il instaure une forme de bienséance qui nous amène à minimiser notre violence. D'où l'affirmation de Gould selon laquelle il serait, lui, « plutôt que le héros de M. Santayana », *le dernier puritain*. Cette assertion est étonnante à plus d'un titre. Même les contemporains de Gould pouvaient trouver cette référence un peu ésotérique, voire précieuse ; des lecteurs plus jeunes la trouveront déroutante. Le philosophe américain George Santayana, dont la renommée tient notamment à cette phrase : « Ceux qui ne peuvent se rappeler le passé sont condamnés à le répéter », est connu comme un essayiste de talent mais pas comme un véritable auteur de fiction. Publié en 1935, son roman autobiographique, *Le Dernier Puritain,* est aujourd'hui à peu près oublié, en dépit d'un énorme succès populaire à l'époque. Dans les listes de best-sellers américains du milieu des années 1930, il arrivait juste derrière *Autant en emporte le vent,* de Margaret Mitchell. Le personnage principal, Oliver Alden, est habité par le conflit intérieur que Santayana croyait répandu chez les Américains du XXe siècle. Revivant plusieurs expériences vécues par Santayana lui-même, Alden se montre déchiré entre son sens du devoir issu de la tradition puritaine et la machinerie du désir propre au nouvel âge matérialiste. Cette histoire constitue en fait une critique du caractère tragique et incohérent de cette idéologie d'inventaire que constitue le rêve américain. (Il vaut la peine de noter, en passant, que Santayana, aphoriste capable et prolifique, avait ceci à dire de la musique : « La musique est essentiellement inutile, comme la vie ; toutes deux possèdent cependant un prolongement dans l'idéal qui confère une utilité à ses conditions. » C'est un sentiment que je partage, même si ce n'était peut-être pas le cas de Gould.)

Comme avec la plupart de ses provocations, Gould réitéra cette affirmation plus d'une fois. Elle en vint à faire partie de sa mythologie personnelle et de sa façon habituelle de se présenter. En plus des références récurrentes au puritanisme en général, l'assertion selon laquelle Gould serait le dernier des puritains apparaît dans le scénario d'un documentaire sur Toronto produit par la CBC en 1979. Le film contient une scène aujourd'hui célèbre montrant Gould chantant du Mahler à un éléphant du zoo municipal; mais il fut aussi l'objet d'un *one-liner* dévastateur, peut-être le plus dévastateur dans toute l'histoire de la télévision : « Dracula revient comme guide touristique de Toronto[74]. » Les traits agréables du jeune Gould, presque beau dans sa jeunesse, avaient été largement étalés sur les pochettes des premiers disques de la Columbia; durant les années 1970, ils s'étaient, hélas, altérés à cause de la calvitie, des larges lunettes et d'un embonpoint morbide, probablement dû en partie à la médication.

La version originale du scénario comprenait 45 000 mots — à peu près comme le présent livre, pour vous donner une idée —, mais elle fut écourtée au moment du tournage. Une version abrégée fut publiée en 1981. « Il vous faut bien comprendre que, en tant qu'adversaire farouche de l'alcool, des concerts et des compétitions sportives, j'approuve en tous points ces restrictions [civiques et morales], affirme Gould dans le film. J'ai donc trouvé que "Toronto-la-Juste" était un très joli surnom. En revanche, un grand nombre de mes concitoyens semblent très mécontents de cet état de choses et s'efforcent de démontrer que nous sommes capables d'être aussi mauvais que qui que ce soit d'autre[75]. » Comme la plupart des Torontois, Gould éprouvait le besoin de défendre sa ville lorsque des étrangers la critiquaient. La lettre (datée du 18 septembre 1964) qu'adressa William Wright, éditeur du magazine *Holiday,* au romancier montréalais Mordecai Richler, l'illustre clairement : « J'ai dîné hier soir avec Glenn Gould, écrivit Wright; il s'est montré très curieux à votre endroit. Il pense que vous êtes une brute et un vilain. Je l'ai assuré que vous n'étiez ni l'un ni l'autre, mais il s'est avéré que Toronto ne pouvait être convaincue[76]. »

C'est au beau milieu de ces méditations torontocentriques que surgit la fameuse assertion : « Je suis sans doute, plutôt que le héros du fameux roman de George Santayana, "le dernier puritain". » Il n'est pas du tout clair ce que cela veut dire. Gould voulait-il laisser entendre qu'il avait quelque affinité avec Oliver Alden ou prononçait-il simplement une phrase qui sonnait bien à ses oreilles ? Quel que soit le degré de connaissance qu'il eût du roman de Santayana, je crois qu'on peut affirmer qu'il s'identifiait à un filon important de la tradition de la Réforme. Il considérait les jugements esthétiques comme s'il s'agissait de jugements moraux ; et il considérait avec suspicion la notion de liberté individuelle en laquelle il voyait essentiellement un rejeton du désir. D'où le plaisir qu'il prenait à épurer les éléments de théâtralité dans la musique de Mozart. Or Glenn Gould lui-même, dans son nuage d'autoreprésentation hyperconsciente, dans ses poses et ses disparitions, était assurément l'un des êtres les plus théâtraux qui aient existé ; il était le Garbo de l'avenue St. Clair. Comme la plupart des puritains, il affichait avec dandysme ses positions de censeur tatillon et péremptoire. L'inverse est aussi vrai : tout dandy défend ses convictions esthétiques comme un puritain. L'image de plus en plus travaillée que Gould projetait de lui-même — l'habillement typique, l'existence spectrale et nocturne d'un artiste monacal, les enregistrements réalisés dans la solitude et les conversations téléphoniques — n'était pas loin de donner dans le *camp*[77].

En revanche, Gould était sincèrement torturé par la conviction qu'il était au service de quelque chose qui le dépassait ; il avait une conscience aiguë des devoirs du génie. Cet engagement éthico-esthétique ferait désormais partie des variations sur le thème sempiternel du refus de jouer en public. L'interview elle-même, disait-il, était une variation sur ce thème : le sujet apparent (le concert) semble avoir été délaissé pour un autre (la liberté et la censure) ; en réalité, nous n'avons fait qu'y revenir constamment, comme dans une boucle, encore et encore.

Comment définir exactement ce thème ? « C'est que, comme je l'ai indiqué, je n'ai jamais vraiment compris l'obsession pour la liberté qui prévaut dans le monde occidental. Autant que je puisse en juger, la liberté de mouvement se réduit le plus souvent à la mobilité ; la liberté d'expression n'est la plupart du temps qu'une forme socialement acceptée d'agression verbale. L'incarcération serait donc un test idéal à quoi mesurer notre vraie mobilité intérieure, notre vraie force spirituelle. Elle nous ouvrirait une option véritablement créative et humaine[78]. » Gould se serait volontairement soumis à cette incarcération, pour peu que quelques conditions soient satisfaites. Il suffirait que sa cellule soit peinte en gris et qu'il puisse en contrôler la température et le niveau d'humidité à cause de sa trachéite.

Le Gould intervieweur suggéra alors que le réel emprisonnement — et la canonisation attendue — ne pourrait avoir lieu qu'en retournant au Festspielhaus de Salzbourg, où il avait vécu le traumatisme provoqué par sa trachéite. « Il ne saurait exister de moyen plus significatif de mortifier la chair, de proclamer la transcendance de l'esprit, ni de mise en scène métaphorique qui mette mieux en valeur votre propre style de vie hermétique, qui définisse plus éloquemment votre quête autobiographique du martyre. Vous finirez bien par y venir, j'en suis convaincu. » Le Gould interviewé objecta vigoureusement qu'il n'avait pas ce désir, esquiva la suggestion de retourner à Salzbourg, et hâta la conclusion de l'interview en citant la phrase fétiche de Billy Pilgrim, personnage du roman *Abattoir 5* de Kurt Vonnegut (Gould venait de composer la bande originale de l'adaptation cinématographique de George Roy Hill, dont il déplora « le pessimisme, combiné avec des relents d'hédonisme ») : « Je ne suis pas encore prêt[79]. »

Que pouvons-nous déduire de tout ça ? La forme de l'auto-interview fragilise les idées au moment même où elles sont énoncées. L'entrelacement des voix ne peut que faire éclater l'image contradictoire du dernier puritain, mélange compliqué, voire tragique d'autocongratulation et de désapprobation. Gould se faisait le reproche de nourrir un désir d'immortalité tandis qu'il donnait libre cours à l'expression de sa philosophie anti-individualiste qui s'opposait à ses choix très résolus. Autrement dit, ses désirs n'étaient pas du tout transparents et ne se résumaient pas à un simple conflit intérieur quant à l'opportunité de jouer ou non en public.

En témoigne clairement la jubilation presque hystérique avec laquelle le Gould intervieweur suggère qu'une sentence d'emprisonnement lui permettrait d'atteindre le statut de martyr. Les esquives et feintes justifications qu'utilisa Gould en d'autres occasions pour répondre à ceux qui critiquaient son penchant au narcissisme et à l'autoglorification étaient maintenant retournées, comme dans un ruban de Möbius, en un dialogue ironique, tour à tour accusateur et justificateur, sérieux et moqueur. Ainsi, assurément, s'étalait un conflit psychique ; mais il était labyrinthique ou, pour reprendre un des termes favoris de Gould, aléatoire. Il s'agissait d'une suite de paris risqués impliquant le lecteur ou l'auditeur. C'est pourquoi la seule conclusion que nous puissions tirer de ce document étrange, c'est que, dans l'esprit de Gould, il s'agissait bel et bien d'une sorte de fugue intellectuelle.

Dans le jargon psychologique, l'état de fugue se caractérise par une amnésie sélective, une personnalité instable et la formation d'une nouvelle identité. Il se manifeste communément dans le vagabondage et des voyages inattendus, deux formes de disparition soudaine. Gould ne fut jamais atteint d'amnésie, mais ses vagabondages intellectuels évoquant la fugue laissent clairement penser qu'il souffrait de quelque chose. S'il incarnait le dernier puritain, c'était moins parce qu'il désapprouvait tel ou tel aspect du monde moderne que parce qu'il refusait d'adopter une position stable et admise au sein de ce monde. Celui qui joue une fugue ne peut évidemment pas se trouver dans un état de fugue, mais Glenn Gould était certainement en train de disparaître pour toujours.

14

Nord

Dans le cadre des célébrations du centenaire du Canada, Gould diffusa en 1967, sur la chaîne radio de la CBC, un documentaire innovateur, fondé sur la voix. Intitulée « L'idée du Nord », cette œuvre allait devenir la plus connue de ses compositions.

L'idée qui sous-tend « L'idée du Nord » est un mélange de forme et de contenu, de dialogue et d'humeurs (une bonne partie du dialogue est inaudible à cause du chevauchement délibéré des pistes). Sur le plan formel, il s'agit du premier essai de radio contrapuntique que fit Gould. Les voix du documentaire n'y sont pas disposées l'une après l'autre, selon l'ordre habituel, avec un enchaînement narratif menant à un tout cohérent. Elles surgissent puis disparaissent en empiétant l'une sur l'autre ; les effets de superposition ainsi créés rendent certaines voix presque indiscernables. Gould décrivit l'effet qu'il recherchait en le comparant à l'expérience qu'on peut éprouver, assis dans le métro ou à l'occasion d'un dîner dans un endroit bondé, lorsqu'on entend des bribes de conversation et que celles-ci se mettent à former un tout, non pas sur le plan logique, mais grâce à l'acte créateur de l'écoute qui rassemble ces données.

Sous cet angle, « L'idée du Nord » constitue au mieux une demi-réussite, puisque l'auditeur s'y sent à la fois manipulé et frustré. La possibilité même d'agir comme auditeur lui est refusée, si ce n'est l'effort de suivre une voix qui disparaît et d'en perdre le sens malgré tout. Néanmoins, cette composition constitue un morceau de radio remarquable, audacieux pour l'époque — en témoignent les plaintes des auditeurs ordinaires ayant reproché son inaudibilité — mais partiellement convaincant sur le plan des idées sous-jacentes. C'est-à-dire qu'il est toujours intéressant, à défaut d'être distrayant ou éclairant, de repousser les limites de la construction linéaire.

Mais le renversement des attentes linéaires est probablement plus révélateur dans le domaine des médias visuels, où nous pouvons ordonner et réordonner les parties à mesure que notre expérience s'étale dans le temps. L'écran définit les contours de ce qui est présenté, et ce, même lorsque sont utilisées les techniques du montage et du plan mixte. La radio, comme la musique, est un médium qui demande un engagement plus strict et soutenu de la part de l'auditoire : il s'agit d'un médium intimiste, fondé sur une expérience intérieure. (McLuhan avait raison de distinguer les médiums visuels et auditifs, même si les qualificatifs de « froid » et « chaud » sont trompeurs et imprécis.) Face à cette œuvre de Gould, certains auditeurs peuvent se sentir démunis, et même contrariés, par les modifications continuelles dans le volume des voix, et ce bien qu'ils apprécient son caractère moderne ou expérimental. Par ailleurs, *contrapuntique* n'est pas vraiment le mot juste ; en dépit de l'affirmation de Gould selon laquelle cette composition aurait été conçue sur le modèle de la fugue, elle n'offre pas la satisfaction que procure la résolution à la tonique (quoi que cela puisse vouloir dire dans ce cas) ni même la méta-satisfaction de frustrer délibérément cette attente, comme dans la Variation Goldberg n° 15, avec ses trois notes montantes et soutenues à la main droite...

Les choses sont un peu plus convaincantes sur le plan du contenu. Dans une composition qu'il enregistra plus tard, fantaisie un peu lourde où Gould affronte ses propres critiques, un des personnages créés par lui, le professeur Karlheinz Klopweisser, exprime l'opinion selon laquelle le contrepoint véritable se déploie sur le plan idéologique et qu'il oppose l'exercice de la liberté individuelle à « la force formidablement tyrannique » de la *Zeitgeist*. En recherchant un isolement volontaire, en choisissant d'être « dans le monde mais non du monde », les divers personnages qui traversent les documentaires de Gould incarneraient un « double contrepoint qui se résout à l'octave[80] ». Nous pouvons comprendre cela, naturellement, à la lumière de Gould lui-même, qui s'est retiré du monde même s'il restait pleinement lié à lui au moyen des enregistrements et du téléphone, ces médias de communication emblématiques de l'espace acoustique et de l'ère mcluhanienne.

Nous pourrions aussi aborder ce propos, plus généralement, comme une illustration de ce que le critique Edward Saïd appelle la « conscience contrapuntique ». Ce dernier désigne par là l'expérience qu'éprouve celui qui conteste les vues dominantes, parfois à cause d'une simple différence visible mêlée d'idéologie (telle la couleur de la peau perçue comme « race »). Dans les deux cas, cependant, il n'est pas facile de discerner une résolution pareille à celle que permet la structure musicale contra-puntique ; nous entrevoyons plutôt quelque chose que cette structure, en musique, ne peut que laisser deviner, soit que la vraie leçon de tout contrepoint ne tient pas dans le fait qu'il trouve sa résolution, mais seulement qu'il en donne l'impression — le contraste des voix superpo-sées ne pouvant que se prolonger encore et encore, dans un jeu éternellement renouvelé.

« L'idée du Nord » est le premier volet de la *Trilogie de la solitude,* qui comprend aussi « Les retardataires » et « Le calme sur la terre », où sont présentés des habitants d'un village de pêcheurs à Terre-Neuve et une communauté mennonite des Prairies. Ces œuvres radiophoniques peu-vent à peine être qualifiées de documentaires. Gould se plaisait à reconnaître l'abondant travail de coupure et de montage qu'il avait effectué, ainsi que certaines manipu-lations touchant au contenu, par exemple en laissant croire que les quatorze personnages des « Retardataires » entretiendraient tous des liens familiaux. En fait, les voix enregistrées incarnent moins des personnes réelles que des idées ou des sentiments, des dimensions de la pensée — de la personnalité. Elles ont été façonnées, voire défor-mées, en fonction du but général que visait Gould, comme il le faisait avec les éléments musicaux dans ses enregistrements.

D'où le propos du professeur Klopweisser selon lequel Gould oublierait ses personnages : « Vous créez une dialectique où les polarités se rejoignent », affirme-t-il plus loin dans l'œuvre radiophonique ; « vous créez une mémoire collective de la discussion qui les tient ensemble. » Cette idée heurte de front ce qu'un autre personnage, Sir Nigel Twitt-Thornwaite, appelle « l'intégrité du moment unique, captée à jamais et qui ne peut être recréée », mais dont Gould se moque en parlant plutôt du « moment de concert embaumé », du « moment d'enregistrement "permalustre[81]" ». Comme c'est souvent le cas, cette œuvre ne porte pas, ou pas seulement, sur ce dont elle parle. « L'idée du Nord », toute la trilogie en fait, s'inscrit dans la longue série de manifestes gouldiens faisant la promotion de l'artifice aux dépens d'une authenticité supposée. Gould y défend cette idée en incarnant lui-même au moins trois personnages, parfois jusqu'à cinq ; il était très amusé par l'effet d'ironie que cela produisait.

Les voix qui animent le premier volet de la trilogie sont celles de gens qui vivent dans le Grand Nord canadien. Ils parlent de leurs expériences avec humour et un sens politique aiguisé, déplorant avec une familiarité désenchantée que le reste du pays les ignore ou les néglige. L'un d'eux se moque de l'idée de « l'attrait du Nord », qui pousserait des individus à vouloir rivaliser d'isolement et de privations : tu as fait un périple de vingt-deux jours en traîneau à chiens, eh bien moi, j'en ai fait un de trente jours. Ce jeu est sans fin. Et pourtant, comme il le souligne : « Ce n'est pas comme si le fait de vivre au nord était un mérite ou une vertu[82]. » Un autre joue avec l'idée de la beauté naturelle, en faisant remarquer qu'elle est presque toujours soumise au filtre des images déjà perçues. En parlant à la radio, chacun d'eux est conscient de l'ironie de son isolement, qui l'éloigne des médias de masse envahissants auxquels il reste cependant connecté.

Après plus de quatre décennies, les choses ont peu changé. On pourrait même dire que les Canadiens sont plus indifférents que jamais face à cette vaste région de leur pays. Les changements climatiques et l'amenuisement des énergies fossiles lui ont redonné un peu d'importance ; les puissances étrangères, dont les États-Unis, qui risquent de profiter encore une fois de l'achat de l'Alaska avec l'ouverture du Passage du Nord-Ouest, sont bien conscientes des opportunités qu'elle recèle sur le plan des ressources et des voies maritimes. Et pourtant, la plupart des Canadiens n'ont jamais visité cette région et ne comptent pas le faire, préférant s'entasser dans un chapelet de zones urbaines moyennes et grandes disséminées à la lisière sud du pays. Il n'y a donc pas lieu de se surprendre si nos politiques concernant le Nord sont le fruit de la condescendance et de malentendus gênants. Cela ne fait que refléter l'attitude générale des Canadiens qui, lorsqu'ils dépassent la simple indifférence, y voient une abstraction pleine de clichés enrobée dans un mystère sans intérêt[83].

Évidemment, Gould n'était pas réellement préoccupé par ces choses et notamment par les questions politiques — il ne menait pas une croisade pour les réclamations territoriales des Autochtones, ni pour la protection de l'environnement, ni pour la souveraineté de l'Arctique. Pour tout dire, il tomba lui aussi dans le piège du romantisme auquel succombent la plupart des artistes qui s'improvisent porte-parole d'une région, mais finissent par accoucher d'une image exotique, biaisée et même condescendante de ses habitants. Gould était surtout attiré par le Nord en tant que catégorie mentale, en tant qu'idée philosophique. Bien qu'il fournît la substance du documentaire, le nord vrai n'était pas l'objet de ses réflexions ; celles-ci portaient plutôt sur le Nord métaphorique. Comme l'annonce d'ailleurs le titre.

Ainsi le Nord apparaît, peu ou prou, comme un synonyme de solitude : l'état d'esprit est ici une fonction de la latitude. Le Nord n'était pas pour Gould, comme pour certains d'entre nous, une frontière menaçante, cette étendue inexplorée où le froid hostile, écrasant et meurtrier vainquit Hudson et Frobisher et tous les autres, fondant ainsi l'identité nationale sur une négation et l'opinion commune selon laquelle nos villes seraient des remparts fragiles et incertains contre le climat et sa constante détermination à nous anéantir. Ce qui animait l'imagination de Gould, et anime la nôtre alors que nous essayons de suivre l'entrelacs des voix dans le documentaire, c'est plutôt le sentiment qu'on éprouve lorsqu'on est seul et isolé — lorsqu'on a pour seule compagnie ses propres pensées. C'était sans doute une référence qui aurait échappé à Gould, mais il partage ici le rêve qu'avait Superman, adolescent, d'établir son poste de commandement dans l'Arctique : la Forteresse de la Solitude était le club-house idéal, doté d'une bibliothèque, d'un laboratoire, d'un robot-joueur d'échecs et d'appareils de gymnastique. (Quoique ce dernier élément n'aurait sûrement pas fait partie de sa liste.)

Le thème de la solitude allait revenir dans les deuxième et troisième volets de la trilogie. Dans un pays aussi vaste que le Canada et aussi faiblement peuplé, on pourrait croire que la solitude, plutôt que la compagnie, est une condition naturelle. Et pourtant, la plus grande partie de la population ne vit pas de cette façon et n'éprouve aucune attirance pour les régions où on le fait. En démontrant le caractère illusoire ou inachevé d'une dialectique cherchant à se résoudre dans les idées, ces œuvres de radio contrapuntique auraient donc comme sujet véritable le Canada lui-même. Le documentaire révèle le pays en tant que nation postmoderne où régnerait une conscience contrapuntique — postmoderne parce qu'il n'existe pas ici une *Zeitgeist* dominante à laquelle il s'agirait d'échapper, pas d'hégémonie culturelle, seulement l'expansion d'une conscience démultipliée. Cette vision du Canada n'est pas propre à Gould ; elle était prééminente durant les dernières décennies du XXe siècle et elle constitue encore un morceau essentiel de ce casse-tête interminable que nous appelons l'identité canadienne.

Cette obsession de l'isolement serait-elle une projection psychique de Gould et de son propre désir d'éviter le contact des autres, la présence tactile des corps humains, leur haleine et leur chaleur envahissante ? Ou viendrait-elle de l'excavation d'une caverne psychique plus vaste, celle de l'inconscient national, qui jugule sa propre peur profonde de la solitude en édifiant non seulement des villes mais une logique de survie qui nourrit le mythe de la frontière nord ? Ou s'agirait-il, dans une optique plus existentielle, d'un rappel de la solitude fondamentale de tout individu, de sa solitude face à la mort, car ma mort est une chose que moi seul peux vivre (les autres peuvent y assister, mais ils ne peuvent pas la vivre à ma place) ? S'agirait-il de tout cela à la fois, enveloppé dans les couches contrapuntiques que forment non pas des voix ou des sons, mais la pensée et son absence, les silences de la solitude et de la dernière réalité, la fin de la pièce, la mort ? Oui.

Mais qu'en est-il de la signification implicite du Nord, du besoin d'hospitalité ? Un environnement rude — tout environnement étranger — nous jette sur le seuil d'inconnus à qui nous demandons refuge et nourriture. Selon la tradition ancienne des nomades et des sédentaires, la demande d'hospitalité ne pouvait être refusée : je devais accueillir l'étranger dans ma maison, partager avec lui mon bien et ma sécurité. L'étranger était mon hôte vénérable *précisément* parce que je ne le connaissais pas. En latin, *hostis* (ennemi) et *hospitis* (hôte) dérivent pareillement de l'altérité qu'incarne la nouveauté d'une personne inconnue — d'où le double sens du mot *hôte* qui désigne à la fois celui qui donne et celui qui reçoit l'hospitalité. L'hospitalité, généralement reléguée de nos jours au royaume hygiénique des services — le royaume de l'industrie hôtelière —, conserve dans son étymologie les traces de ces enjeux profonds.

Les habitants des villes canadiennes savent cela, ne serait-ce que dans des moments de crise. Lorsque la voiture d'un inconnu est empêtrée dans la neige. Lorsqu'un animal de compagnie ou un enfant s'est égaré dans la tempête. Lorsque nous nous rappelons que la sécurité d'un abri fiable et la constitution de réserves de nourriture sont le fruit d'un accomplissement collectif quoique sous le signe de l'individu isolé. Le Nord évoque la solitude, mais sur la toile de fond du risque partagé. La solitude suppose le partage, l'accomplissement collectif, les conditions qui rendent possible la solitude elle-même.

Gould mesurait-il cela avec tous ces appels téléphoniques nocturnes qu'il adressait à ses lointains amis, à ses interlocuteurs fantomatiques? Était-ce sa façon à lui de les accueillir?

Si oui, était-ce suffisant?

15

Communication

D ans une critique qu'il publia dans les pages de *Piano Quarterly*, Gould s'opposa aux timides interprétations psychanalytiques que Geoffrey Payzant avait glissées dans un ouvrage consacré à Gould lui-même, mais qui pour le reste était surtout d'inspiration philosophique.

Payzant y cite notamment ce passage éloquent d'une étude maintenant classique du psychologue Anthony Storr, *Les Ressorts de la création* : « Puisque la plupart des activités créatrices sont solitaires, le choix d'une telle occupation signifie pour le schizoïde qu'il s'octroie la possibilité d'esquiver les problèmes de la relation directe avec les autres. Qu'il écrive, peigne ou compose, il est indéniable qu'il communique. Mais il s'agit d'une communication dont il contrôle tous les termes. [...] Il n'ira pas se trahir par des confidences qu'il aurait à regretter plus tard. [...] Il peut choisir (du moins est-il enclin à le croire) la part de lui-même qu'il veut révéler, et celle qu'il veut garder secrète[84]. »

Gould rétorqua : « Cette citation donne une bonne idée de l'attitude qu'adopte Payzant vis-à-vis de son sujet ;

elle résume adroitement l'horreur de Gould pour la vie urbaine, son aversion pour les apparitions en public, sa prédilection pour la communication par téléphone, sa conviction enfin que la solitude nourrit la créativité, que la promiscuité confraternelle tend à dissiper[85]. »

Plus loin, il évoque de manière sarcastique l'hypothèse formulée par Payzant selon laquelle le penchant de Gould pour l'imagerie psychanalytique pourrait laisser croire qu'il aurait été en analyse : « Étant donné que Payzant et Gould résident tous deux à Toronto et que cette sorte de spéculation aurait pu, on l'imagine aisément, être résolue par un simple "oui" ou "non", un témoignage aussi peu concluant — frisant d'ailleurs vraiment l'odieux — n'est pas loin de produire un effet comique. » Sauf que, a-t-on envie d'objecter, il ne saurait être question ici de répondre par un simple oui ou un simple non. « Mais à l'inverse, poursuit Gould, il y a cette qualité qui prête au livre de Payzant sa grande force : la détermination manifeste de l'auteur de brosser son portrait à l'abri de toute intervention ou influence résultant de la connivence due à la conversation et à la manipulation d'un mode de communication où Gould, à ce qu'on dit, est passé maître[86]. »

Maître selon qui exactement ? Selon Gould, dans la critique d'un livre à propos de lui-même ? Selon ce livre ou selon un autre livre non identifié ? Selon un « ils » anonyme et général, le *das Man* de Martin Heidegger ? Au bout du compte, Gould conclut en louant Payzant avec la pleine puissance de son ironie déroutante et coutumière. N'importe quel critique pourrait simplement s'en tenir à « l'image traditionnelle d'un Gould maître-pianiste excentrique et inégal ». Mais Payzant a sagement choisi une voie où « s'harmonisent les penchants musicaux de Gould, ses convictions morales et les extravagances de son comportement », créant ainsi « une texture structurellement aussi sûre et chromatiquement aussi complexe que les fugues baroques qui ont les premières éveillé Glenn Gould aux merveilles de l'art et de la musique[87] ».

Or si on peut repérer des traits de la fugue dans la critique de Gould, on ne peut en dire autant de l'ouvrage de Payzant. Le jeu de Gould se déploie ici à plusieurs niveaux et va beaucoup plus loin que ce solécisme, propre à l'ère des médias, qui consiste à parler de soi à la troisième personne et qui est inhérent au procédé rhétorique qu'il a choisi. Gould cite complaisamment des images médiatiques de lui-même alors qu'il feint — apparemment — de s'en distancier ou de les tourner en ridicule. Le concert d'éloges qui en résulte n'est qu'une moquerie de ce que réussit à accomplir la critique, et ce, pour au moins deux raisons évidentes. Premièrement, rien ne permet de distinguer clairement l'interprétation dite traditionnelle de l'interprétation qu'il attribue à Payzant : toutes deux cherchent à expliquer les excentricités de Gould à la lumière de sa musique. L'interprétation de Payzant est ainsi rejetée du même revers de la main — ou, peut-être, considérée comme aussi valable que toutes les autres ; il est difficile de trancher. Deuxièmement, même en supposant que les deux types d'interprétations soient nettement différents, l'attribution d'une harmonie structurale à l'interprétation de Payzant demeure lourdement équivoque et dégage un net parfum de moquerie. Selon Gould, Payzant aurait plaqué sur sa vie une résolution narrative et structurale aussi « mensongère » que les résolutions qu'il donne à ses enregistrements ou que le compositeur apporte à un contrepoint.

Y a-t-il quelque chose à retenir de tout cela hormis l'habituel étalage d'ingéniosité de Gould ?

Eh bien, tout d'abord, son goût pour la compétition. Gould dénigre Payzant parce qu'il évoque les souvenirs familiaux où, enfant, il tenait à gagner les parties de croquet jouées à la campagne, sa passion pour les automobiles puissantes qu'il conduisait à toute allure, son penchant pour les prouesses et les tours de force pianistiques — et ce, en dépit de ses affirmations répétées selon lesquelles la compétition était pour lui-même et pour la musique une abomination. En ce qui concerne le croquet, le critique marque un point. Quiconque a joué au croquet, et particulièrement à la maison d'été ou dans un jardin d'Oxford, sait qu'il s'agit d'un des jeux les plus belliqueux qui soient. Entre autres choses, il y est considéré comme fair-play d'expédier la boule de l'adversaire dans les sous-bois plutôt que de chercher à faire avancer la sienne. « Payzant apparaît déterminé à dénicher des contradictions dans le comportement de Gould », fait remarquer Gould, pince-sans-rire. Tel est, bien sûr, le summum de l'esprit de compétition, qui consiste à avoir toujours le dernier mot. Dans ses textes et ses conversations, à la fin de sa vie, Gould fera un étalage constant de ce pouvoir sous ses formes les plus raffinées. Gould était un joueur à plusieurs égards : il était attaché, certes, au caractère désintéressé de l'art, à ses possibilités infinies, mais il était passé maître dans l'art de la dérobade et dans la démonstration de sa supériorité rhétorique. Placé devant ses contradictions, il cherchait à se dérober, idéalement en assenant ni vu ni connu un contre-punch à l'accusateur, généralement sous la forme d'une feinte d'être offensé — la feinte étant aussi importante que l'offense fictive, puisqu'il ne voulait pas non plus qu'on puisse penser qu'il aurait pu être offensé.

Gould était encore plus habile dans le façonnement des opinions à son endroit, nombre d'entre elles émanant d'ailleurs de lui-même. Il jonglait avec elles comme avec des ballons de plage, mais sans répondre jamais sur le fond ni les démentir, repoussant ainsi dans un avenir indéfini la question de savoir si elles étaient légitimes. Ce faisant, Gould communiquait une vérité — sur le malaise qui l'habitait et sur sa façon de l'affronter. En fait, il serait difficile d'imaginer un exemple plus parfait du type schizoïde tel que le décrit Storr, de sa délectation pour l'isolement et du recours à la communication comme moyen de contrôler tout ce qui peut être révélé de lui-même.

Le passage le plus significatif dans la citation de Storr se trouve cependant dans la parenthèse incluse dans la dernière phrase : « Il peut choisir *(du moins est-il enclin à le croire)* la part de lui-même qu'il veut révéler, et celle qu'il veut garder secrète. » Dans cette critique, comme dans toutes ses œuvres écrites, et particulièrement dans les textes autoréférentiels, Gould affiche un ton qui ne respire pas seulement le labeur — il n'était pas un écrivain naturel, son ton était souvent pédant ou défensif — mais aussi la morgue suffisante. Il sonne comme l'un de ces vilains à l'accent exotique qu'on rencontre dans les films de James Bond et qui se délectent dans la description du plan qu'ils mettront en œuvre pour dominer le monde après avoir éliminé l'irritant agent secret par quelque procédé extravagant, impliquant possiblement des rayons laser ou des acolytes en minijupe. Comme chez ces vilains, les explications de Gould révèlent non tant une maîtrise réelle qu'un *désir* de maîtrise, lequel se trouve alors déjoué dans sa divulgation même. La vraie maîtrise suppose que l'on n'ait pas à se soucier d'être compris ou incompris.

En toute honnêteté, Gould communique bien davantage lorsqu'il s'en tient à son rôle d'interprète talentueux. Cela est évident et c'est cela que chérissent même ses admirateurs les plus superficiels. La question qui se pose alors est la suivante : « Que communique-t-il exactement par son jeu ? »

Ce n'est pas un sens. La musique instrumentale ne formule pas d'énoncés. Nous pouvons parler d'elle comme d'un langage, avec sa grammaire, mais il s'agit d'un langage qui, bien qu'intelligible d'une certaine manière, ne peut être traduit dans aucun autre. Nous pouvons sonder la musique dans le but d'apprendre quelque chose sur la culture ou l'histoire ou les idées, mais la musique elle-même ne véhicule aucun message ; bien que belle, peut-être, elle est muette[88]. C'est pourquoi tant de philosophes, dont Kant et Hegel qui se rejoignent ici pour une rare fois, louent davantage la poésie, puisqu'elle réunit la suggestivité émotionnelle des harmoniques et l'articulation précise de la vérité. Pour bien des gens, notamment d'obédience romantique, ce genre de hiérarchie est douteux, puisque la beauté serait la vérité, et vice-versa ; voilà tout ce qu'on peut savoir sur terre et tout ce qu'on a besoin de savoir. S'ils étaient plutôt d'obédience platonicienne, ils pourraient même croire que la beauté est une forme du bien. Une beauté non langagière serait donc tout aussi valable, et même plus, que celle fondée sur les mots. La beauté est son propre message, une affirmation indiscutable.

L'ironie dans tout cela, c'est que l'argument du beau et du bien ne peut être affirmé que par le truchement du dialogue et de l'écrit, et ce, même si l'argument du beau et du vrai est exprimé par la poésie, par le langage lui-même ; les romantiques l'oublient souvent. Quoi qu'il en soit, il n'est pas nécessaire de s'attarder longtemps à cette question pour constater les nombreux problèmes que pose l'idée selon laquelle les concepts de *beauté* et de *vérité* seraient coextensifs. Comme l'a montré le critique littéraire anglais I. A. Richards, en citant les derniers vers d'une ode fameuse de Keats, la poésie regorge de « pseudo-énoncés » et quiconque reçoit cela comme de la philosophie esthétique ne peut que s'engager « dans l'impasse de la confusion d'esprit découlant de sa naïveté linguistique ». Mais la démonstration de Richards est un peu hâtive : il ne s'agit pas ici de pseudo-énoncés ; sur le plan grammatical, il s'agit en fait de bons vieux énoncés. Et, en tant qu'énoncés, ils sont alors soit faux (beaucoup de choses vraies sont laides, et vice-versa), soit indécidables, c'est-à-dire ni vrais ni faux, ou dépourvus d'une valeur de vérité (comme on dit). Dans le second cas, il s'agit alors de l'énoncé d'une pseudo-proposition et non d'un pseudo-énoncé.

Bon, mais qui se soucie de tout ça ? Eh bien, Glenn Gould lui-même. Deux choses se dégagent nettement de sa pratique de l'enregistrement. Premièrement, il croyait fortement dans la vérité d'une interprétation révélant l'essence du morceau joué. Et deuxièmement, il éprouvait un besoin presque compulsif de partager ces interprétations et l'échafaudage intellectuel qui les accompagne avec un auditoire aussi grand que possible.

Dans cette optique, il n'est pas si difficile de comprendre au moins l'une des raisons qu'a données Gould pour justifier son abandon de la scène en 1964. Il cherchait alors à diffuser ses idées musicales le plus largement possible, au-delà de toutes limites sauf celles de la reproduction technique. Il n'est pas non plus difficile d'acquiescer à l'un des corollaires de cette décision, soit que ce serait une erreur de ne pas associer « l'avenir » — c'est-à-dire les technologies d'enregistrement existantes et futures et les auditoires potentiels — aux grandes œuvres du passé. Ainsi, sa décision de jouer Bach au piano, si elle apparaît maintenant peu controversée, n'était pas distincte à cet égard de sa décision d'enregistrer un disque en recourant au montage de prises multiples ou d'envisager l'utilisation de synthétiseurs pour enregistrer de la musique classique. (Quoiqu'il méprisât la frime de certaines nouveautés, comme P.D.Q. Bach et *Switched-On Bach,* qui connurent un bref succès.)

Cette vérité de l'interprétation à laquelle tenait Gould est indéniable dans son jeu, et ce, bien qu'il n'adhérât pas à l'idéal romantique d'une symbiose entre le beau et le vrai. Ce qui l'intéressait avant tout, c'était moins l'éventuelle beauté d'un morceau que son essence ; c'est ce qui permet d'expliquer, je crois, sa capacité à jouer des morceaux qu'il n'aimait pas, à évaluer les œuvres en fonction de critères esthétiques qui constituent en fait des critères moraux — chose qu'il a d'ailleurs admise et même revendiquée en plusieurs occasions. Il s'agit donc ici d'une vérité entendue dans un sens très lâche, dans la mesure où une œuvre instrumentale ne peut posséder aucune valeur de vérité. Mais une œuvre sans signification peut néanmoins avoir de l'importance, et la tâche de l'interprète est alors d'exprimer ce potentiel d'importance et non de signification, de donner une voix irrésistible à ce mutisme. Nous pourrions appeler cela de la justesse plutôt que de la vérité. Et nous pourrions dire que la musique, comme le langage, est un récipient de la conscience.

De nos jours, ces idées sont probablement aussi bien reçues que celles portant sur l'éthique de l'enregistrement. Nous ne nous méfions pas plus des abstractions et du libre jeu des concepts que des techniques courantes de studio. Il est vrai qu'on voit aujourd'hui des projets voués à la « musique ancienne » jouée sur des instruments d'« époque » accordés au diapason du XVIIIe siècle ou tirés de l'obscurité (la saquebute jouit actuellement d'une vogue sur les campus américains). Mais ceux-ci nous frappent surtout comme des excentricités, à peine plus recommandables que les Renaissance Fayre ou les festivals d'opéra en Klingon qui se tiennent dans nos parcs. Un morceau de musique ne peut être réduit à aucune vérité fondamentale ou originaire, aucune interprétation ne peut se dire authentique et définitive et prétendre communiquer son message une fois pour toutes ; à première vue, ce genre de quête ne peut qu'être malavisé. Gould le savait et c'est pourquoi il défendait le caractère convaincant de ses interprétations plutôt que leur authenticité ou leur cérébralité ; des interprétations justes et vives du concept original. Il le fit abondamment dans son œuvre écrite, cela ne fait pas de doute, mais tout ce verbiage passe à côté de l'essentiel : ces addenda ne sont que des rationalisations après coup, au mieux des notes en bas de page, de simples indices dans la démonstration qui nous occupe. La seule démonstration qui compte, c'est la démonstration qu'apporte le jeu lui-même.

Quelle sorte de démonstration ? La réponse à cette question est difficile à mettre en mots sans faire de la musique la vassale d'un maître autre qu'elle-même, chose peu acceptable. Peut-être que l'avenue la plus sûre consiste à procéder par la négative : notre démonstration ne sera pas une conclusion, quoiqu'elle puisse mener à une résolution ; notre démonstration ne cherchera pas à prouver quelque chose, bien que nous puissions la trouver inspirante ; et il ne s'agira certainement pas d'une démonstration normative, bien que nous puissions décider, après l'avoir entendue, que nous devrions changer notre vie.

Alors quoi ? En un sens, il s'agirait d'une discussion à propos du temps lui-même. Ce qui définit le caractère foncièrement paradoxal de la musique, c'est qu'il s'agit d'un médium où le temps reste ouvert. La plupart des médias de communication se fondent sur l'abolition du temps ou de l'espace ou des deux. Autrefois, une lettre prenait un mois pour voyager de l'Amérique à l'Europe ; un courriel franchit maintenant cette distance en quelques secondes. La communication resserre le temps, de même que la vitesse raccourcit l'espace : ce qui caractérise pareillement la communication et la technologie, c'est que toutes deux sont, dans la plupart des circonstances, assujetties aux impératifs de la vitesse. La vitesse raccourcit les distances, disons-nous, parce qu'elle permet de traverser l'espace en moins de temps : la vélocité n'est rien d'autre que l'espace divisé par le temps. Comme toute division, celle-ci ne connaît aucune limite théorique. L'asymptote que trace la projection de toutes les vitesses, c'est l'état où la collision du temps et de l'espace est si grande que tous les points sont au même point, et qu'il n'y a donc plus d'intervalle entre eux.

La musique résiste à ce phénomène : elle prolonge le temps, elle repousse le moment de son anéantissement, grâce au déploiement habile des sons et du silence. Nous disons de la musique qu'elle communique la grandeur ou la tristesse ou l'allégresse ou l'esprit. À strictement parler, elle ne transmet rien de tout cela puisqu'elle n'est pas un médium de communication. Nous parlons de manière métaphorique : la musique évoque des émotions et des idées, suscite en nous des réactions que nous caractérisons en ces termes. Je soutiens qu'elle peut évoquer ces choses, ou qu'elle permet aux auditoires d'en jouir, précisément parce qu'elle n'est pas communicative, parce que n'entrent en jeu aucune proposition ni aucune valeur de vérité. Quoi qu'elle puisse faire — susciter une émotion, chatouiller l'intellect, satisfaire les sens ou l'âme —, la musique refuse l'anéantissement du temps.

Cela, au bout du compte, est la seule démonstration dont la musique soit capable. Gould, en s'y adonnant, savait que cette démonstration se suffisait à elle-même.

16

Apparence

Gould soutenait qu'un enregistrement musical est comme un film ; qu'il était lui-même comme le réalisateur et les acteurs réunis ; que le produit final est une sorte de tricherie habile, une transcription auditive permettant la reproduction lisse et répétée de l'expérience — ou de l'illusion — que la musique serait composée au moment de l'écoute, dans cet instant même. Dans une succession d'instants. Quel type de tricherie, quelle sorte d'illusion est-ce cela ?

La capacité à se méfier des apparences est profondément liée à l'expérience humaine ; notre succès comme espèce, sur le plan de l'évolution, repose en bonne partie sur cet atout. Il n'est donc pas surprenant qu'elle ait été analysée par des philosophes de l'Orient et de l'Occident, de l'Antiquité jusqu'à aujourd'hui. Notre appréhension du réel est sujette à caution ; sans arrêt nous découvrons que les choses ne sont pas ce qu'elles semblent. Nous nous éveillons de rêves qui semblent vrais. Nous tirons de l'eau des bâtons pliés pour nous apercevoir qu'ils sont droits. Nous nous approchons d'une tour et découvrons qu'elle est carrée plutôt que ronde. Nous nous penchons pour ramasser une pièce de monnaie et réalisons qu'il s'agissait d'une image peinte sur le sol.

Cette dernière technique, appelée « trompe-l'œil », exprime avec une franchise admirable l'enjeu auquel nous faisons face, en tant que nigauds du faux-semblant. Notre seule chance de salut repose sur la reconnaissance de notre folie ; tel est le premier pas vers la guérison.

Qu'y a-t-il de l'autre côté du mur des mirages ? Les philosophes affirment : la chose en soi. Le savoir pur. La réalité suprême. Les formes transcendantales. Les essences. Les fondements. Les noumènes plutôt que les phénomènes. L'original plutôt que les copies. Les objets plutôt que les images. L'hostilité connue de Platon à l'endroit des déformations de la *mimesis,* vue comme simple imitation, reflet, ombre miroitante, n'a plus cours aujourd'hui comme à l'époque du philosophe, où cette suspicion engendra de savantes hiérarchies épistémologiques. Mais la tendance générale est restée la même ; peut-être est-elle programmée dans notre conscience adaptative et notre façon de résoudre les problèmes. Nous voulons percer les apparences afin de trouver quelque chose de plus fiable. On ne se fera pas berner une autre fois. Sauf, évidemment, la fois suivante.

Les polémiques que souleva Gould à propos de la musique enregistrée doivent être abordées à la lumière de ce contexte intellectuel et sur la toile de fond de la culture contemporaine. Alors que la musique de concert mourait de sa belle mort, que ce véhicule musical jadis prioritaire était supplanté, sinon annihilé, par le microsillon, le disque compact et le fichier numérique, l'idée de l'exécution en prise unique ne pouvait que perdre en autorité.

Les premières expériences d'enregistrement, qui se contentaient de capter une interprétation pour qu'elle puisse être reproduite n'importe où et n'importe quand, cédèrent le pas aux techniques d'enregistrement créant l'illusion d'une exécution unique à partir d'un matériau brut provenant de prises multiples, de la post-synchronisation, des collures, et même de la modification électronique du tempo. La question que nous devons alors nous poser est la suivante : est-ce que cela change quelque chose ?

Afin de répondre à cette question, nous devons d'abord distinguer les divers types d'apparences trompeuses. Le cas le plus courant est celui des simples erreurs perceptives ou cognitives, tels les illusions d'optique ou les rêves. Ces erreurs peuvent être dissipées par un simple changement de perspective. Mais qu'en est-il des apparences trompeuses *intentionnelles* ? On reconnaît ici deux types courants. Payzant offre un exemple frappant d'un de ces types : une automobile sans moteur est, dans son apparence extérieure, identique à une automobile pourvue d'un moteur[89]. La force motrice de la voiture étant invisible sous cet angle, celui-ci ne nous permet pas de juger de la présence ou de l'absence de cette force. Nous ne pouvons constater le défaut de fonctionnement de la fausse voiture qu'en essayant de la faire marcher. Un examen visuel, aussi détaillé soit-il, ne suffit pas. L'apparence de l'objet est ici trompeuse, mais en regard de son utilisation future. En revanche, un faux tableau d'un maître ancien vendu comme un original est trompeur d'une manière immédiate : la tromperie est logée sur sa surface. Ou bien nous la perçons à jour en scrutant celle-ci, ou bien nous n'y arrivons pas ; on ne peut s'en remettre à un test de fonctionnement, à une deuxième étape. Le faux tableau *simule* ; la voiture sans moteur *cache*.

Une personne, elle, est capable de tromper volontairement et peut ainsi *dissimuler* : c'est-à-dire qu'elle peut simuler en même temps qu'elle cache et peut-être précisément dans le but de cacher. J'affiche un faux sourire pour masquer ma fausseté, par exemple, ou je m'habille en businessman pour exécuter mes plans de sociopathe tueur en série. En même temps, la complexité de la conscience fait que nous pouvons nous tromper nous-mêmes comme nous trompons les autres : ce sont les illusions de la fausse conscience, de la mauvaise foi ou des désirs refoulés[90].

Lequel de ces termes — *simuler, cacher, dissimuler, s'illusionner* — correspond à l'idée que se faisait Gould du caractère fictif de la performance musicale enregistrée ? Aucun, je crois, bien que nous soyons tentés de retenir l'un ou plusieurs d'entre eux. La musique enregistrée constitue en fait un autre type d'apparence, celle d'un tout achevé composé de parties distinctes *dont la provenance concrète est sans importance.* Cette forme d'apparence ne cache, ni ne simule, ni ne dissimule, ni n'illusionne. La musique est précisément ce qu'elle semble être, ni plus ni moins, à deux égards importants.

Le premier tient à l'origine. Nous pourrions penser que la musique enregistrée est une forme de dissimulation parce qu'elle feint l'apparence de la création séquentielle. Sauf que rien n'est masqué sous la surface, toute musique étant cette surface même. Les relations interpersonnelles fournissent une meilleure analogie avec le jeu de rôle ou l'image projetée de soi, qui ne sont pas de la dissimulation. L'actualisation d'un rôle social ou de plusieurs rôles (le bon fils, le fêtard dragueur, le professionnel fiable) peut être d'une complexité considérable, mais elle ne répond pas à l'intention de tromper et n'est pas fondée sur la dissimulation. Il s'agit plutôt de ce que nous reconnaissons comme du jeu — chez les êtres humains comme en art. Les matériaux qui servent à la peinture, les pigments et l'huile ou l'eau ou la détrempe, créent l'apparence d'un visage ou d'un paysage ou de simples formes ; ces éléments terrestres sont façonnés de telle manière qu'ils jouent à ressembler à quelque chose, mais nous ne nous *méfions* pas d'eux pour autant. Les éléments matériels dont la musique est faite, des sons arrangés et du silence, échappent encore plus à ce soupçon. Ils sont simplement ce qu'est la musique elle-même ; aucune suspension de l'incrédulité, même minimale, n'est ici requise.

Le deuxième concerne l'originalité. À la différence d'un faux tableau, qui parasite l'original qu'il reproduit, il n'y a pas de faux-semblant dans l'exécution musicale, puisque celle-ci ne prétend à aucune originalité ni authenticité. Ne pas voir les choses ainsi, ce serait supposer que tout art est grossièrement mimétique, que toute peinture figurative ne vise qu'à être un trompe-l'œil, qu'elle cherche à devenir identique à la chose elle-même, comme cette grappe de raisins que Zeuxis avait peinte et que l'oiseau abusé essaya de manger. La musique et la peinture abstraite devraient être à l'abri de cette accusation étrange, qui ne rend d'ailleurs pas service non plus à la peinture figurative. Il serait naïf de vouloir évaluer des toiles selon leur degré de fidélité à la nature ou au modèle.

Comme le fait remarquer l'un des personnages de Gould dans « Les retardataires », le grand art a pour but d'exprimer des idées — des thèmes universels — par le biais de certains éléments qui font plus que représenter et qui transcendent même la représentation tout court. « Voici comment je pourrais présenter la chose, dit-il. *La Dernière Cène* est probablement la plus belle œuvre abstraite qui ait jamais été produite. »

Un critique pourrait objecter qu'un enregistrement prétend implicitement à l'originalité et à l'authenticité. C'est-à-dire que nous écoutons un enregistrement en supposant que l'artiste exécute le morceau comme nous l'entendons, comme si celui-ci avait été capté accidentellement par des microphones puis gravé sur le vinyle ou en code numérique. Il est cependant difficile de croire sans sourire à cette vision naïve. L'analogie que Gould trace avec l'art du cinéma est ici bien solide : seul un enfant peut penser que deux heures de film ne nécessitent que deux heures de tournage (l'actrice Tatum O'Neal confessa avoir cru à cette illusion). Et même un enfant comprend qu'une simple coupe ou un panorama, que le cadrage habile de l'action et des séquences requièrent une suspension volontaire de l'incrédulité. L'art narratif, contrairement à la vie, peut faire des sauts dans le temps. Pourquoi la musique, dans son exécution, ne pourrait-elle pas comprimer et réarranger le temps ? Ce souci d'honnêteté est d'ailleurs en lui-même esthétiquement déplacé. Comme le disait Wilde : « Dans les affaires très sérieuses, l'essentiel est le style, pas la sincérité. »

Le propos de Gould selon lequel les manipulations en studio permettent d'obtenir une *meilleure* version que des interprétations captées en une seule prise constitue une position plus controversée dans ce débat entre l'apparence et la réalité. Elle résiste cependant à un examen scrupuleux. L'art du monteur de son consiste à extraire les interprétations les plus convaincantes, à les assembler d'une manière imperceptible et de telle façon que l'ensemble soit expurgé de toute bévue — même les interprètes les plus accomplis font ici et là des erreurs — ainsi que de tout défaut esthétique. Le montage a pour but de servir la vision de l'artiste ; lequel, si nous nous fions à sa pensée et à son talent, sert à son tour la vision du compositeur. L'apparence est la réalité, au sens superficiel et au sens profond : il n'y a rien sous la surface auditive, et donc aucun écart dont il faudrait se méfier. La musique est ce que nous entendons, elle n'est rien d'autre que ce qu'on nous donne à entendre.

Ne reste donc que le souci lancinant que l'illusion sera peut-être un échec, que l'apparence, au lieu d'être fluide, agressera notre conscience et détruira la jouissance esthétique de l'instant. Les expérimentations de Gould en ce domaine sont très convaincantes. En 1975, il décida de réunir un groupe de professionnels et d'amateurs dans un studio de la CBC et leur lança le défi de repérer les collures et autres interventions sur les bandes enregistrées. Les résultats montrèrent que les repérages erronés étaient, dans certains cas, trois fois plus nombreux que les repérages corrects — résultat induit peut-être par l'élément de suspicion inhérent à l'expérience, mais néanmoins significatif. Les repérages reflétaient aussi les compétences des participants : les musiciens avaient tendance à se méfier des effets de couleur, des sforzandos, des changements de pédale et des rubatos ; les ingénieurs du son remarquaient les baisses du volume ambiant ; tandis que les gens ordinaires privilégiaient la pensée « paragraphique », entendant des collures dans les transitions entre les mouvements ou à la fin de certains passages.

Bref, même une oreille humaine entraînée ne peut repérer de façon infaillible ces modifications. « La bande magnétique ment effectivement et s'en tire presque toujours à bon compte », affirma Gould ; dans ce domaine, « un peu de savoir est quelque chose de dangereux, beaucoup de savoir est carrément désastreux[91]. » Conclusion ? Il faut abandonner une fois pour toutes la dichotomie apparence/réalité.

Cette conversion peut se faire instantanément. Alors qu'il se remémorait, en 1975, les vingt-cinq années qu'il avait passées en studio, Gould se souvint de cette journée de 1950 où on lui avait présenté un disque souple de l'enregistrement radiophonique qu'il venait de réaliser des œuvres de Mozart et Hindemith. À ce moment, dit-il, « j'eus soudain la révélation de l'insignifiance des réserves émises par mes pairs et mes aînés à l'encontre d'une technologie qui, à les en croire, compromettait l'art en le déshumanisant ». C'est là, poursuivit-il, que s'ébaucha « ce qui allait devenir pour moi un véritable roman d'amour avec le microphone[92] ».

Il n'y a pas de réalité au-delà de l'apparence. Vous pouvez réellement en croire vos oreilles. Quoi d'autre ?

17

Progrès

L'un des paradoxes ou des points de tension, et non le moindre, dans la pensée de Gould touche la notion de progrès.

D'une part, il se méfiait profondément, parfois avec une hostilité ouverte, de la logique substitutive que supposent les schémas de progrès, notamment dans le domaine de l'art où le nouveau est présumé meilleur que l'ancien. Cela était particulièrement vrai durant ses premières années à titre de musicien professionnel, années marquées par un dualisme entre avant-garde et traditionalisme. Son enthousiasme fugace pour le modernisme musical ne put alors échapper aux tristes mécanismes de la mode. Par exemple, lorsque le compositeur et chef d'orchestre Pierre Boulez déclara dans *The Score* en 1951 : « Schoenberg est mort », l'artiste révolutionnaire ayant été avalé par ses tentatives de fusionner la technique dodécaphonique avec le romantisme. Gould se rappela cette polémique comme « d'une diatribe pour le moins peu charitable », mais il était clair que, quoique d'une façon très différente de Boulez, il était tout autant dérouté par le parcours de Schoenberg. Dans la critique qu'il fit d'une biographie de Boulez vingt-cinq ans plus tard, en 1976, Gould nota avec une délectation évidente que Boulez lui-même avait été « victime de la *Zeitgeist* », la logique du remplacement l'ayant délogé au profit de Karlheinz Stockhausen ou John Cage[93].

La malédiction de la *Zeitgeist* n'est pas tant que chacun est poussé à innover, mais plutôt que ces innovations soient transformées en objets de mode. Ces notions sont difficiles à démêler, compte tenu de l'impératif de la nouveauté qui touche tout l'art moderne; une partie de la malédiction est donc liée à cette difficulté. Un Schoenberg ou un Boulez suivent-ils la mode ou sont-ils brutalisés par elle *post facto*? Une innovation radicale est-elle perçue comme telle parce qu'elle vise à déboulonner le conservatisme et le statu quo? Les réponses que nous donnons à ces questions dépendent de nos propres influences et sympathies — de la vision que nous avons de nous-mêmes dans ce contexte —, et, pour cette raison, nous ne pouvons échapper non plus à la malédiction. Gould laisse entendre que son aboutissement, l'histoire familière du radical plein d'avenir qui déchoit en ruine réactionnaire, est « un produit archétype de la mentalité mégalopolitaine américaine de la côte Est[94] ». Nous pourrions l'appeler plus simplement, à la suite d'Adorno, « l'industrie de la culture ». Cette histoire, en fait, n'est pas une nouveauté; c'est un pur produit de l'industrie que nous consommons gaiement.

Gould chercha donc, avec un certain succès, à échapper à cette logique narrative, quoiqu'un critique pourrait dire qu'il a simplement extériorisé sa contre-énergie conservatrice en abandonnant assez tôt la musique d'avant-garde et en se concentrant sur l'enregistrement du canon classique. Par ailleurs, et il s'agit de l'autre part qui se manifeste enfin, il était un défenseur ardent et acharné du progrès dans le domaine des technologies d'enregistrement. Ce parti pris incluait tout à la fois le rejet des concerts et de la critique, et l'adhésion aux techniques de studio sophistiquées, aux nouveaux instruments, ainsi qu'au rôle actif de l'auditeur en tant que collaborateur dans l'expérience musicale.

Pour un auditoire du nouveau millénaire, les débats entourant certaines de ces questions peuvent paraître un peu dépassés ; il vaut donc la peine de s'y arrêter un moment afin de comprendre quelle était cette vision commune en regard de laquelle l'attitude de Gould pouvait sembler si paradoxale. Dans les dernières décennies du XXᵉ siècle, il commençait à être manifeste que l'élan moderniste en musique, à la différence de ce qu'on pouvait observer dans les arts visuels ou en littérature, n'avait pas réussi à modifier le paysage d'ensemble. Alors que l'art non-figuratif et l'écriture expérimentale ont été dans une large mesure accueillis sinon apprivoisés par la culture dominante, à tel point que des salons de banquiers s'inspirent désormais de l'esthétique moderniste et que les courriels de ces derniers recourent à la condensation télégraphique (voire poétique), il est difficile d'en dire autant pour l'art musical.

Une petite coterie d'enthousiastes s'intéressait encore à ce qu'on appelle parfois la « nouvelle musique classique », mais l'auditoire général s'était fracturé entre, d'une part, ceux qui montraient un attachement atavique pour le canon, et, d'autre part, ceux qui n'avaient franchement aucun intérêt pour la musique classique. Le premier groupe se rendait à des concerts avec des orchestres dirigés par des chefs pour écouter de la musique composée pour l'essentiel avant 1900. Le second groupe se rendait à des concerts avec des guitares, des batteries et des amplificateurs pour écouter de la musique composée pour l'essentiel dans les dix dernières années, voire les cinq dernières, ou même les deux dernières. Les innovations au sein de la tradition classique forment un moyen terme oublié, et la situation n'a guère changé depuis.

Les explications varient parfois quelque peu, mais la vision habituelle consiste à dire que les technologies d'enregistrement ont joué un rôle important et pernicieux dans cette évolution parallèle. Selon Leon Botstein, « la mécanisation et la reproduction de masse de la musique ont créé les conditions de son évolution antimoderne ». L'auditoire musical aurait ainsi connu une mutation historique ; n'ayant plus à produire lui-même de la musique, il a perdu sa littératie musicale ; il n'avait plus besoin d'acquérir cette capacité, ou même simplement de se déplacer, pour écouter de la musique. Musicalement illettré, l'auditeur serait désormais isolé, coupé des autres, aliéné, écoutant de la musique seul dans son salon ou dans sa voiture — aujourd'hui avec des oreillettes, pourrions-nous ajouter, partout et tout le temps. Alors que la musique rassemblait autrefois les gens, maintenant elle les éloigne, et les coupables sont les technologies d'enregistrement. Cette « déshumanisation » de l'auditoire n'était cependant que l'une des conséquences d'« un réseau commercial étendu fondé sur le capitalisme avancé ». La machine étant le maître, l'exécution musicale est devenue une affaire de mémorisation, de répétition sans âme, de synthétisation ; dans le pire des cas, le jeu était réduit à de la simple technique, à la vitesse machinale d'un musicien-robot[95].

Cette formulation de ce que j'appelle l'« opinion commune » date de 1980. Peu de gens seraient prêts à accepter chacun des éléments de ces récriminations — même à l'époque, la logique de Botstein qui s'emballe et les craintes d'un menaçant Skynet Terminator paraissaient exagérées. Néanmoins, il y a assez de vraisemblance dans cette explication pour qu'on puisse comprendre comment certaines versions de cette position ont pu tenir et tiennent encore dans une certaine mesure. Évidemment, ce contre-récit de la dégénérescence culturelle est l'envers exact du récit torturé du progrès musical qui, du moins dans les cercles de l'élite, capta Schoenberg et Boulez (et aussi Stockhausen et Cage) dans ses mandibules. L'histoire qui caractérise l'après-1945 est celle où la mode à petite échelle célèbre un innovateur de la musique classique pour le rejeter ensuite, alors que la mode à grande échelle fait de la musique (classique) un vestige, une arrière-pensée[96].

Gould n'était pas à l'aise avec ces positions. Partisan indéfectible de la technologie, il était aussi un praticien de premier ordre et entretenait un rapport intime, presque obsessionnel avec son piano et avec l'histoire de la musique. Son jeu était remarquable sur le plan technique et jamais machinal — même les foudroyantes *Variations Goldberg* de 1955 sont un prodige de pensée expressive. Il était à la fois progressiste et antiprogressiste, un critique de la *Zeitgeist* en même temps que sa plus intéressante expression. Il était en fait isolé sur sa tête de pont, entre le passé et l'avenir. Qu'il n'ait pas réussi par lui-même à construire une passerelle entre les deux n'a rien de surprenant ni même de décevant. Il faut plutôt voir cet échec comme une autre manifestation de son génie. Il était et n'était pas un homme de son temps.

Depuis sa mort, les récits de progrès sont plutôt passés de mode (mais il est encore trop tôt pour dire si cela est aussi un effet de mode). En 1979, soit une année avant que Botstein ne signe sa diatribe et trois années avant la mort de Glenn Gould, le philosophe et théoricien de la littérature Jean-François Lyotard avait écrit, dans un rapport rédigé pour le Conseil des universités du Québec, que « l'incrédulité à l'égard des métarécits caractérise la condition postmoderne », ce qui signifiait — du moins aux yeux de plusieurs — la fin de la fiction avancée par les Lumières d'une raison universelle advenant à elle-même au fil de l'histoire[97]. Désormais il n'était plus possible de prendre au sérieux l'idée que la pensée progresse en suivant une courbe fluide et sans heurts. Cela était déjà évident dans le monde de l'art, d'où provient le terme *postmoderne* et où était pratiqué ce que le critique Arthur Danto a appelé « la perspective post-historique ». Dès lors que toute chose (et toute non-chose) peut être de l'art, celui-ci peut s'affranchir de la logique historique fondée sur la succession et le perfectionnement. Alors, la trajectoire narrative s'effondre et on peut faire tout ce qu'on veut : figuratif, abstraction, concept, performance[98].

Et pourtant, notre complaisance en ce début de millénaire pour le tout et n'importe quoi ne devrait pas nous amener à tenir pour acquis que ces questions ont été résolues une fois pour toutes. Des querelles quant à la place que doit tenir la technologie dans la composition musicale ont toujours cours, ainsi que des débats parfois alambiqués au sujet de l'échantillonnage, de l'incorporation, de la citation et de l'authenticité. Il y a quelques années, des autocollants sur les voitures du sud de la Californie clamaient : « Les boîtes à rythmes n'ont pas d'âme », exprimant ainsi le sentiment que le cœur de toute musique devrait reposer sur un élément humain. Mais cet argument n'est pas aussi clair ou définitif qu'il y paraît, puisque toute musique (hormis le chant) suppose la médiation d'un instrument ou de quelque forme de *techné*. Selon le musicien et critique Franklin Bruno, la meilleure façon de répondre à cet autocollant était de lui opposer celui-ci : « Une batterie non plus ».

Ces confusions et contradictions découlent sans doute de ce que Botstein a appelé le réseau musical structuré par le capitalisme avancé. Mais même le capital et sa servante soumise, la technologie, n'obéissent pas à un simple vecteur de succession et d'obsolescence. Comme l'avait noté Marx, des modes de production antagonistes ou contradictoires peuvent coexister dans une même société. Ou, dans les mots de McLuhan, les technologies font leur nid et se replient sur elles-mêmes ; elles ne cherchent pas à synthétiser le passé, à éliminer le moment qui précède.

L'art est mort.

18

Art

Longue vie à l'art.

Comme la plupart des artistes dotés de leur franc-parler, Gould avait une théorie sur la fin de l'art. Cela fait d'ailleurs partie de la tradition moderniste, comme si tout artiste devait déclarer la fin de l'art, ou sa quasi-fin, afin de pouvoir s'y adonner. L'art s'apparente sous ce rapport à la philosophie, discipline qui consacre son temps à annoncer des fins. Il importe cependant de distinguer la thèse de Gould et la vision générale selon laquelle le progrès en art, ou l'idée du progrès, serait arrivé à sa fin.

La thèse de Gould s'appuie d'abord sur l'idée que le progrès dépend des technologies d'enregistrement. En 1975, il écrivit : « Je crois qu'à partir du moment où la technologie pénètre dans le circuit de l'art, cette présence doit être encodée et décodée de telle manière qu'elle soit placée, à tous égards, au service du bien spirituel, lequel mènera ultimement au bannissement de l'art lui-même[99]. » Gould semblait vouloir dire quelque chose comme ceci : lorsque la présence de la technologie dans l'art sera finalement acceptée, les formes de cette présence deviendront le sujet même de l'art. Dans les qualités magiques ou ataviques attribuées à l'art, dans cette aura austère qui s'accroche au savoir-faire, dans le génie mystérieux, dans l'érudition visionnaire, on ne verra plus qu'un amas de clichés. Un auditoire éduqué ne sera plus capable de prendre au sérieux la vieille idée de l'art, et celle-ci périclitera.

Chez Gould, ces vues prennent parfois une tournure moralisatrice. Comme tout bon moderniste, il méprisait l'ornementation : il s'agissait, à ses yeux, d'une fausseté impardonnable, bien que la musique enregistrée, non seulement pût être excusée de recourir à la fausseté, mais l'exigeât. (Il aurait pu être ici un peu plus clair : selon ses propres dires il ne s'agissait pas du tout de fausseté.) Les paroles que Gould échangea au téléphone avec Jonathan Cott et que ce dernier enregistra étaient pleines de mots familiers comme *répugnant, ordures, stupide* et — son expression favorite — *consterné* et *consternant*. (Ces expressions émaillaient aussi, d'une manière un peu moins charmante et plutôt aléatoire, les propos de ses divers personnages.) Le domaine de ce qui le consternait était assez vaste, naturellement, mais touchait particulièrement la facticité ou la fausse représentation, comme chez les Beatles, ou les arguments sentencieux, comme chez ceux pour qui la musique d'ascenseur est un fléau. Dans cette optique, la fin de l'art permettrait de s'affranchir de la prétention et de la mystification ; il s'agirait de l'ultime révolution démocratique.

Mais l'ornementation n'est pas la même chose que la médiation. Ailleurs, Gould s'appuie sur un argument sociobiologique plus ou moins fumeux. Contrairement à l'opinion courante voulant que la technologie nous éloigne des réalités humaines viscérales, telles la violence ou la recherche de nourriture, Gould croyait en une mise à distance morale de nos penchants les plus brutaux. Il s'ensuit que la technologie, en favorisant cela, nous place devant un horizon clairement positif. « La morale, me semble-t-il, n'a jamais été du côté des carnivores, en tout cas pas lorsque existent d'autres choix de style d'existence », écrivit-il. « L'évolution particulière de l'homme en réponse à sa technologie se produit dans un sens anticarnivore dans la mesure où, pas à pas, elle lui permet d'agir à des distances de plus en plus grandes, à fonctionner de plus en plus détaché de ses réactions animales à la confrontation[100]. » Les technologies d'enregistrement illustrent cette évolution morale, ou encore elles en sont une métaphore — le raisonnement n'est pas clair sur ce point. Quoi qu'il en soit, elles méritent d'être embrassées sans réserve.

Il n'est pas clair en quoi cela touche l'art au sens général, mais Gould concevait les choses ainsi : « l'intrusion » de la technologie « impose à l'art une dimension morale qui transcende l'idée d'art elle-même ». L'art trouverait sa fin quand nous prenons conscience de l'impératif moral qui nous pousse à renoncer à notre instinct carnivore pour le viscéral, l'immédiat, le naturel. Gould n'avait rien cependant de l'esthète décadent qui célèbre l'artifice aux dépens de la nature, à la manière d'Oscar Wilde ou du Des Esseintes de Huysmans. Il défendait au contraire le caractère inéluctable et donc la valeur de la médiation. Dans cette optique, l'antinomie art/nature se dissout en quelque sorte ; l'art trouve alors sa fin non pas parce que le jeu trouve aussi la sienne, mais parce qu'il ne prétend plus à un statut supérieur ou inférieur par rapport à la nature.

C'est dans un long essai intitulé « L'avenir de l'enregistrement », publié en 1966 dans la revue *High Fidelity*, qu'on trouve les vues les plus détaillées de Gould sur les thèmes interreliés de l'enregistrement, de la morale et de l'art. Comme d'habitude, Gould soumet ses lecteurs à de véritables montagnes russes rhétoriques, avec des arguments clairs en guise de plateaux, soudainement brisés par des ascensions brusques et de vertigineux plongeons dans la polémique. Le dernier paragraphe mérite d'être cité en entier : « Dans le meilleur des mondes possibles, l'art serait superflu. La thérapie apaisante et fortifiante qu'il propose n'aurait plus de patients auxquels s'appliquer. La spécialisation professionnelle qu'implique sa conception deviendrait présomption et la généralité de son applicabilité une offense. L'auditoire serait alors devenu l'artiste. La vie serait devenue art[101]. »

Décortiquer cette véritable salve d'opinions et d'assertions n'est pas une mince affaire. On pourrait voir, dans la dernière phrase, une expression de l'injonction nietzschéenne incitant à faire de sa vie une œuvre d'art. Ou bien il pourrait s'agir d'une sorte de théodicée esthétique avec, au début, une référence explicite à Wolff et Leibniz. On pourrait même lire ce passage comme un minimanifeste réprouvant d'un seul souffle l'art thérapeutique, l'art comme métier et l'art comme vérité, invalidant ainsi la distance nécromantique entre l'artiste et l'auditoire.

Mais une question plus appropriée que *Qu'est-ce que ça veut dire ?* serait : *Gould le pensait-il vraiment ?* Je pense que oui et non. Il embrassait pleinement les technologies d'enregistrement en tant qu'instrument à part entière dans le monde de la musique, et il avait certainement raison de considérer que, si le but de la musique est de toucher le plus grand auditoire possible, alors le moyen de diffusion le plus efficace est aussi le meilleur. Mais en dépit de ses dires selon lesquels l'auditeur hi-fi serait un cocréateur de la musique, il est difficile de croire qu'il tenait l'auditoire en aussi haute estime. Comme il l'a affirmé lui-même à plusieurs reprises, l'amateur ordinaire n'en sait pas plus au sujet de la musique qu'un chauffeur du dimanche n'en sait à propos du moteur à combustion. La spécialisation ne disparaît pas, et elle ne disparaîtra pas si nous souhaitons entendre encore de la musique capable de nous émouvoir.

Reste l'hypothèse de l'apaisement et celle de la généralité. Il n'est pas nécessaire de défendre des positions anti-art pour rejeter l'idée stérile selon laquelle l'art guérit. Parfois il le peut, parfois non ; il ne s'agit en aucun cas de sa raison d'être. En ce qui concerne l'autre point, on peut être en désaccord avec la prétention de l'œuvre d'art de s'adresser à tout le monde, mais aborder l'art de cette manière est déjà une erreur. Il ne s'agit pas d'une faute morale, mais d'une faute esthétique. Dans les mots de Gould, l'art commence à ressembler à un homme de paille. Qui donc l'envisagerait de cette manière brutalement réductrice ? Comme il arrive souvent, l'annonce de la fin de l'art fait partie du jeu de l'artiste.

19

Personnages

Les multiples Gould se mirent à proliférer avant que la mort ne mette un terme aux représentations de sa personne et qu'elle n'ouvre ainsi, en marquant d'un trait la fin de la partition, le champ des interprétations. Le jeu des variations était engagé bien avant que la pièce ne fût écrite au complet.

Gould était habité par le désir constant de jouer des rôles et d'imiter des accents pour l'amusement de… eh bien, certains diraient des coréalisateurs en studio ; mais, avec le recul, il est difficile d'imaginer que quiconque ait pu être amusé par ces plaisanteries, hormis leur créateur, qui ne les confina pas à l'espace de son imagination ni aux pauses entre les prises. Dans *The Glenn Gould Silver Jubilee Album,* diffusé par la Columbia en 1980, dont la moitié ou presque est constituée d'un sketch radiophonique longuet et à l'humour ingrat intitulé « Critics Call-Out Corner », Gould répond à quatre critiques, trois d'entre eux interprétés par lui-même (le quatrième étant joué par la coanimatrice Margaret Pacsu — quelle mouche l'avait piquée ?). Gould joua aussi le rôle de l'ingénieur du son, Duncan Haig-Guinness, avec un accent écossais de cour d'école qui, pour certains auditoires, est une source inexplicable de comique et a ainsi permis de lancer plusieurs carrières d'humoristes[102].

Le résultat est un morceau de comédie inclassable et à peine supportable qui réussit néanmoins à aborder divers sujets de préoccupations gouldiens : l'art de l'enregistrement, les périls du concert, l'interprétation de Bach au piano plutôt qu'au clavecin, et ainsi de suite. Un désaccord entre deux des personnages principaux sert l'argument. Selon les notes de la jaquette, l'irritable Sir Nigel Twitt-Thornwaite aurait été décrit par le *Guardian* comme un représentant « typique de la vie musicale anglaise », son titre de noblesse lui venant de ses exploits militaires autant que musicaux. « On le cita dans la *New Year's List* de 1941 pour son courage et le sens de coordination dont il fit preuve dans l'exécution de la *Water Music* de Handel sur les ponts d'évacuation de la flotte de Dunkerque l'année précédente. » Le professeur Karlheinz Klopweisser, dont nous avons eu l'occasion de parler, est l'adversaire de Sir Nigel. Le magazine *Stern* l'aurait décrit, pour sa part, comme « la personnification musicale du miracle industriel allemand de l'après-guerre », en raison de son passé distingué durant la guerre où il composa « Ein Panzersymphonie » alors qu'il était dans les rangs de l'Afrika Korps de Rommel, morceau « dont la première mondiale eut lieu à El Alamein dans la soirée du 22 octobre 1942 ». Nous apprenons aussi qu'il « se consacre à un travail d'analyse de la *Trilogie de la solitude* de Glenn Gould qui sera publié en Amérique sous le titre *Thematish-systematisches Verzeichnis der Einsamkeit Trilogie von Glenn Gould* ».

Gould — ou, devrions-nous dire, le personnage de Gould au sein de cette fiction — est évidemment très nerveux. Il admet avoir procédé au trempage de ses mains avant l'enregistrement, comme il faisait avant de s'asseoir au piano — exemple évident d'un rituel d'anxiété déplacée. Et dans le seul passage réellement drôle, quelqu'un demande au personnage de Gould s'il est prêt à s'exécuter, lequel répond avec un sourire audible dans sa voix : « Eh bien, Margaret, je viens juste de prendre un Valium et j'essaie d'être calme autant qu'on puisse l'être face à un essaim de critiques[103]. »

Tout auditeur aurait souhaité pouvoir être aussi fortifié. Entre les raclements de gorge et les claquements de langue de Sir Nigel et les envolées pontifiantes du professeur Klopweisser auxquelles Gould opine en murmurant, nous boitillons à travers une série de disputes au sujet de l'interprétation. Le dernier personnage qu'incarne Gould, Theodore Slutz, arrive alors en retard. Il est présenté comme l'éditeur des pages artistiques du magazine new-yorkais *Village Grass Is Greener* — « À l'aise en littérature comme en peinture, en musique et en architecture, il incarne un nouveau sommet dans la démocratisation de la vie intellectuelle américaine » — ainsi que comme l'auteur d'un recueil d'essais, *Vacuum,* qui propose « une synthèse unique de l'état de la culture américaine dans les dernières décennies du XXe siècle ». Vraisemblablement inspiré par un chauffeur de taxi new-yorkais que Gould se plaisait à imiter, Slutz sonne en fait comme un rimailleur beatnik, émaillant son discours d'abondants *mec, j'veux dire, dingue, tu piges* et *zig*[104].

Comble de l'indignité, on trouve à l'intérieur de la

pochette pliante de l'album les photos des trois critiques et de Marta Nortavanyi, la mégère communiste que joue Pacsu. Oui, Glenn Gould pose devant l'objectif attifé de perruques, de moustaches postiches, d'une redingote, d'un blouson de cuir. Je n'invente rien.

Ce n'est pas que cette « fantaisie de Glenn Gould », comme dit la pochette de l'album, soit dépourvue d'intérêt. Gould et Klopweisser défendent de façon convaincante la liberté de l'interprète souhaitant jouer Gibbons au clavecin bien que le compositeur Tudor n'ait jamais connu cet instrument. Cette liberté, condamnable aux yeux de certains puristes, se justifie chez ces deux éminents critiques parce que la musique serait un art qui joue avec des idées et non avec de simples notes. Les « inconstances exaspérantes » de Gould, ses interprétations libres du tempo contrastent avec l'espèce de « précautionnisme conceptuel » qui ne peut qu'accoucher d'une « authenticité » incohérente et restreinte. L'artiste, soutient Klopweisser, « crée un point de vue » en projetant son énergie de manière antithétique, à l'encontre de l'impulsion du compositeur. « Si vous le faites bien, intervient Gould, alors le résultat sera beaucoup plus vif, exact et fidèle au concept original. »

D'où, ensuite, une énième justification du désistement de 1964. La répétition du rituel de concert « afflige » le musicien d'un « syndrome » menant à « la mort lente de l'esprit ». Si l'interprétation est réussie dès le premier soir, les autres soirs ne pourront qu'être des échecs, car ils forcent l'interprète à jouer et rejouer les mêmes morceaux et à rejeter le silence. « C'était une sorte de torture, qui contrevenait directement à l'esprit d'invention qu'incarnait le premier soir. » Il est important de souligner que cette objection ne recoupe pas l'objection souvent citée du « pas-de-prise-2 », et qu'elle est même incompatible avec cette dernière.

À cet endroit, les multiples voix s'engagent dans une savante polyphonie, s'enterrant l'une l'autre en discutant de la capacité des humains à suivre simultanément plusieurs vecteurs auditifs. Puis, dans le style d'un commentateur sportif, une voix commente longuement le « retour hystérique » de Gould à l'occasion d'un concert Tchaïkovski, Rachmaninov, Chopin donné dans l'Arctique, sur la plateforme de forage XP-67, avec douze pianos et accompagnement éolien à l'intention du conseil d'administration de la Geyser Petroleum. L'orchestre se trouve trois kilomètres plus loin, sur la plateforme du sous-marin *L'Insubmersible* avec, en arrière-plan, le soleil de minuit et la mer de Beaufort ; l'équipe de production est perchée dans la tour de commandement. Après avoir éternué, toussé et s'être mouché, Gould finit par jouer Ravel à genoux, sa fameuse chaise pliante ayant été emportée dans une bourrasque. Cette œuvre est décrite comme étant représentative de « la prédilection de M. Gould pour le répertoire romantique et impressionniste », mais l'auditoire s'éclipse alors brusquement et la transmission s'interrompt aussitôt, cette dernière n'ayant plus de raison d'être puisqu'il n'y a plus d'événement public à couvrir. Des cris de phoques se font entendre alors que Gould marmonne, à la manière d'Elvis : « Thank you, thank you very much. »

Je n'invente rien ici non plus. Le critique Jed Distler a dit de ce disque que « l'humour y est froid, artificiel, et strictement réservé aux vrais fidèles[105] ». Distler était charitable. L'humour y est lamentable, évocateur d'un sketch des Monty Python qui aurait mal tourné ou bien des folichonneries scénarisées encore moins supportables des Beatles à leurs débuts. Rien ne peut excuser ce disque, et le seul enseignement que nous puissions en tirer, c'est qu'il n'a été réalisé qu'à cause de la stature de son créateur. En amenant la Columbia à diffuser ce tissu embarrassant de balivernes, Gould empochait d'un coup le crédit que lui avaient valu vingt-cinq années de bons et loyaux services. Au bout du compte, cela nous en dit plus toutefois au sujet de Gould qu'au sujet de la Columbia.

Gould s'était déjà amusé à créer des personnages. En 1965, il avait publié dans la *Musical America* plusieurs articles rédigés par un certain Dr Herbert von Hochmeister, « distingué universitaire canadien » et « critique influent du *Great Slave Smelt*, journal sans doute le plus respecté au nord du 70e parallèle ». Ces textes malicieux et surécrits — à propos de la CBC, du culte du chef d'orchestre, du parrainage artistique gouvernemental — ne manquent pas de mordant : « Les simples mots *Canadian Broadcast System* que souffle l'animateur dans l'air du soir, avant le soporifique et réconfortant bruit blanc d'une pause, suffisent à rallier toutes les gorges loyales, à donner des frissons à toutes les échines recourbées, à appliquer un tampon de validité culturelle à ce que nous venons d'entendre[106]. »

En 1968, dans les notes accompagnant l'enregistrement qu'il fit pour la Columbia de la Cinquième symphonie de Beethoven transcrite par Liszt, Gould proposa quatre « critiques imaginaires » rédigées par des personnages que nous pouvons considérer comme les prédécesseurs de ceux de 1980 : Sir Humphrey Price-Davies (le chef prétentieux), Prof. Karlheinz Heinkel (le dialecticien austère), Dr S. F. Lemming (le freudien réductionniste), et Zoltan Mostanyi (le communiste doctrinaire). En dépit de leur caractère un peu caricatural, ces personnages sont plus intéressants que ceux du « documentaire radiophonique fictif » de 1967, *Conference at Chillkoot,* qui met en scène le conférencier Sir Norman Bullock-Carver, le critique Homer Sibelius, le compositeur d'avant-garde Alain Pauvre et quelques autres. (Le texte de ce documentaire fut publié en 1974 dans *Piano Quarterly.*)

Les notices que Gould a rédigées étaient souvent pleines d'intelligence, qu'il s'agît de l'abstraction juvénile des premières *Variations Goldberg,* de l'esprit du disque Gibbons/Byrd ou des jugements réfléchis accompagnant le disque consacré aux sonates pour piano de Hindemith, pour lesquels il remporta d'ailleurs en 1974 le Grammy du Meilleur texte de pochette — le seul Grammy qu'il reçût de son vivant. (Deux Grammy posthumes — Meilleur disque classique et Meilleure interprétation solo — lui furent attribués pour les *Variations* de 1981 ; il reçut aussi le Grammy de la Meilleure interprétation solo en 1984 pour l'enregistrement, son tout dernier, des sonates pour piano n°s 12 et 13 de Beethoven.) Mais l'humour rabâché des critiques imaginaires aurait dû être réservé, s'il le fallait, aux propos de table. Malheureusement, Gould ne jouissait pas de ce simple exutoire bien qu'il eût pu y avoir accès. Ses idées fragmentaires étaient avancées par des personnages fragmentaires ; leur multiplicité lui apportait la même liberté qu'il démontra dans l'auto-interview de 1976 pour *High Fidelity*, sauf que leur nombre était ici plus élevé et qu'ils visaient une intention comique. Dans le premier cas, l'ironie, bien qu'un peu lourde et maladroite, fonctionnait ; dans le second, elle cédait le pas à l'auto-gratification et s'exposait ainsi à la déconfiture. L'auditeur ne sait plus alors où regarder.

On songe ici au malaise que peut causer en société cette situation particulière où on se retrouve tout à coup prisonnier d'un raconteur de blagues. Si la blague est ratée ou engendre une forme de « doute quant à sa pertinence fondamentale », selon la définition qu'un philosophe donna de l'équilibre mental, alors notre malaise ne fait que redoubler[107]. En écoutant cet enregistrement fantaisiste de 1980, on ne peut qu'être saisi du besoin grandissant et désespéré de faire cesser cela, le regard fuyant dans quelque recoin distant de la pièce.

À la source de cette anxiété légère ne se trouve pas la pensée que Gould, égaré dans le dédale des studios d'enregistrement de la Columbia à New York, serait carrément devenu fou. Il s'agit plutôt de l'impression de plus en plus nette que Gould, vers la fin de sa vie, ne tenait même plus à entretenir l'illusion d'un moi unifié. Il appréciait l'interaction particulière de ces personnalités multiples, à la limite de l'éclatement identitaire, poussé à un point que peu d'entre nous oseraient montrer en public, du moins quand nous n'avons pas bu. Dans sa propre tête, Glenn Gould a organisé une fête. Tout le monde y est invité, mais il est le seul à pouvoir jouer.

Dans la même veine, on ne peut qu'être frappé par cet aparté ostentatoire qu'il glissa dans un article de mai 976 pour *High Fidelity,* soit l'année même de l'auto-interview, en comparant Barbra Streisand, autre artiste rentable de la Columbia, à Elisabeth Schwarzkopf. Après s'être livré à une présentation échevelée de la diva du milieu gai, alors au sommet de sa carrière — rappelons, pour nous en tenir à ses films, que 1976 était l'année de *A Star Is Born,* qui faisait suite à *Funny Girl* (1968), *The Owl and the Pussycat* (1970), *What's Up, Doc?* (1972) et *The Way We Were* (1973) — Gould laissa échapper cette pensée malicieuse :

> [La fantaisie privée] que je me fais de Streisand [...] est que tous ses plus grands coups résultent de répétitions en loge au cours desquelles (probablement accompagnée d'un orchestre préenregistré) elle se met dans la peau d'une quantité de personnages successifs, essaie toutes sortes de phrases qui n'ont l'air de rien, imagine des gestes qui accompagnent sa propre réflexion, élabore des couplages de registration (en surimposant le cromorne de quatre pieds du gamin de la rue aux seize pieds de Sophisticated Lady), et en général joue pour son propre amusement dans un univers de miroirs borgiens (Jorge Luis, pas Victor) et d'invention verbale[108].

La forme et le fond sont également significatifs, qu'il s'agisse de la référence humoristique et personnelle aux fictions labyrinthiques et autoréférentielles de Borges (Gould ne put résister au calembour aujourd'hui daté en citant Victor Borge) ou de la personnification des différents registres vocaux de la chanteuse en évoquant les tuyaux d'orgues et les personnages types. Puis il y a cette idée centrale des poses qu'on prend devant le miroir. Laquelle renvoie naturellement à toutes ces incarnations de la personnalité divisée : l'adolescent torturé, la drag-queen, l'icône déclinante à la Norma Desmond et, dans les films d'aujourd'hui, le tueur en série qui se pavane dans sa psychose. Par une sorte d'étrange coïncidence, il se trouve que le personnage fictif créé par le romancier Thomas Harris, le meurtrier Hannibal Lecter, appréciait tout particulièrement les *Variations Goldberg* de 1955. Quoique de manière anachronique, cette musique appa-raît dans la bande originale de l'adaptation cinémato-graphique alors que Lecter, étudiant de médecine en 1951, s'injecte une dose de thiopental sodique ; nous l'enten-dons également alors que Lecter, plus âgé, défigure l'un de ses gardes pour s'échapper de sa prison.

La « fantaisie privée » de Gould — expression qui paraît sortie tout droit du vocabulaire de la littérature pour adultes — renvoie, dans sa dimension sérieuse, à ce qui le préoccupe lui-même : soit le fait que les réalisations artistiques les plus abouties proviennent parfois de l'in-teraction de personnages fictifs plutôt que de l'actualisa-tion d'une posture esthétique unifiée. L'ironie foncière de l'art tiendrait donc à ce que l'unité serait un distillat invo-lontaire de la folle multiplicité, une propriété émergente de cette dernière plutôt qu'une condition de l'art.

À partir de plusieurs prises, un enregistrement. À partir de plusieurs voix, une parole. À partir de plusieurs personnages, une personne.

Mais il est plus plausible encore que Gould, comme Elvis Presley ou Howard Hughes, se soit perdu dans sa maison de miroirs, qu'il soit resté prisonnier de ses images et de ses conceptions tentaculaires. Ou bien que, comme James Dean ou Bobby Fischer, son effondrement ait été causé par le nouvel univers médiatique apparu à la fin du siècle dernier, son talent resplendissant de tous ses feux sous la lumière crue de la fascination publique. Ou peut-être faut-il dire que Gould partage certains aspects de tous ces minirécits de maladie — le talent et la folie de Fischer, la ténébreuse beauté de Dean, la retraite glaciale de Hughes, l'automédication torturée de Presley ? Quoi qu'il en soit, il est clair qu'il figure avec ces derniers parmi les premières victimes de l'existence postmoderne, du culte de la célébrité, broyées par les mêmes moyens technologiques qui ont rendu leur succès possible[109].

20

Émerveillement

Mais, mais — il n'y a qu'une voix, et non plusieurs, quand il est au piano. Son jeu n'est pas éclaté ; et son jeu, finalement, est la seule chose qui compte.

Gould ne vivait pas seulement dans sa musique, il *était* sa musique. Les autocars de pèlerins japonais, les conférences universitaires, les tables rondes, la montagne grandissante de travaux savants, les livres luxueux, les films, les timbres commémoratifs, les tatouages adoratifs et un marché foisonnant de reliques personnelles — toute la panoplie du culte gouldien, son existence iconique posthume — ne forment au bout du compte qu'une énigme. Et celle-ci peut être résumée ainsi : comment un interprète de la musique d'autrui, aussi brillant fût-il, a-t-il pu atteindre un statut presque mythique alors qu'à une autre époque il aurait été considéré à peine plus favorablement qu'un valet de cour ou qu'un cuisinier doué ?

Les excentricités de Gould ont certes aidé. Elles étaient le signe de son identité fluctuante, les tics et les métaphores de son talent, voire de son génie. Nous les reconnaissons immédiatement ; elles représentent, dans le relais de la transmission culturelle, une bonne part de l'identité qu'on prête à Gould. Le fredonnement, la posture voûtée, la minutie, l'emmitouflage. Les gants, le foulard et la casquette. Les voix dans sa tête. La retraite, l'isolement, l'ermitage. Puis, quand nous en apprendrons davantage, l'hypocondrie, les doléances, les maladies imaginaires, la dégringolade pharmacologique. Le véritable Glenn Gould, qui qu'il fût, a été éclipsé par une collection de traits singuliers et de comportements étranges. Ceux-ci ont remplacé la personne réelle. En fait, nous pouvons aller encore plus loin : ils sont la personne même, dans la mesure où celle-ci est devenue objet de pensées, d'émerveillement et d'adoration.

D'où ces prises non narratives autour de Gould, notre peu d'empressement à arriver à une résolution explicative. Écrivant sur Flaubert, Jean-Paul Sartre affirma que la question centrale que pose la biographie de tout esprit créateur est : comment cet homme est-il devenu ce grand artiste ? Mais toute réponse dans le cas de Gould ne peut qu'être vaine, car *Glenn Gould* n'est pas tant un signifiant stable, un nom désignant une personne, que l'indicatif radio d'une foisonnante économie du simulacre. Glenn Gould est partout et nulle part. Il incarne la disparition inaugurale du moi ; une fois activé, ce système de transaction spectral acquiert l'énergie qu'il lui faut pour fonctionner de lui-même. Gould fascine en partie parce qu'il a été fascinant aux yeux de tant de gens. Et il est bien sûr au-delà de mes forces d'essayer de hisser ce livre au-dessus de cette économie dont il est nécessairement partie prenante. Il n'y a rien à l'extérieur du texte de Glenn Gould.

Mais il y a plus. Pour que nous puissions mesurer l'importance du problème, je propose que nous revenions prudemment à l'idée d'un *moment formateur*. Prudemment parce qu'il ne faut pas surestimer notre capacité à expliquer, même quand nous cherchons l'illumination dans la vie vécue. Nous commencerons donc par distinguer cette notion et celle des *moments déterminants*, lesquels furent nombreux. Gould nota le moment où il devint amoureux du microphone et de la musique enregistrée en 1950. Il raconta les sentiments d'exaltation qu'il éprouva au cours de son séjour solitaire d'un mois dans une chambre d'hôtel de Hambourg en 1958. Il justifia de façon détaillée, et parfois contradictoire, la décision qu'il prit en 1964 de ne plus donner de concerts. La découverte du documentaire radiophonique en 1967 peut être considérée comme presque aussi importante. Mais il évoqua aussi un autre moment où son amour de la musique — je veux dire, sous cette forme singulière qui était la sienne — fut intense. Ce moment nous ramène à M. Gibbons, dont il semble qu'il ait été pour lui comme une âme sœur, une sorte de muse.

Dans son auto-interview de 1972, Gould s'enquit de ses propres goûts et aversions notoires. Il partagea alors ses doutes au sujet de Beethoven et du Mozart des dernières années, œuvres qu'il joua pourtant souvent et qu'il enregistra. Le Gould intervieweur chercha à éclairer ce paradoxe en suggérant que « de tels concerts représentaient [...] une stimulation d'ordre tactile plutôt qu'intellectuel ». Résistant à cette interprétation, le Gould interviewé affirma qu'il avait fait « tout [s]on possible pour trouver une structure rationnelle » à telle interprétation de Beethoven. Le terme révélateur, ici, est *tout mon possible*, et le Gould intervieweur n'hésita pas à sauter dessus : il y avait là de la résistance, matière à discussion ; une logique pouvait être reconstituée, mais c'était une corvée, toute une pente à monter. En revanche, si le Gould interviewé se mettait à jouer un morceau de son compositeur favori, Orlando Gibbons, il n'avait qu'à « faire en sorte que chaque note semble faire partie d'un tout organique, sans qu'il vous soit nécessaire à vous en tant qu'interprète de faire une différence quelconque entre des considérations tactiles et intellectuelles ». C'est-à-dire qu'il n'y aurait plus lieu de rationaliser et encore moins d'*essayer d'aimer* la Pavane de Salisbury. En s'installant pour jouer Gibbons plutôt que Beethoven, tard le soir en compagnie de son CD 318, ce Gould-là n'aurait vraisemblablement éprouvé aucune « tendance schizophrénique » entre le geste et la pensée[110].

L'autoanalyse de Gould céda ensuite le pas à une théorie de l'histoire musicale, soit exactement à ce genre de choses que Gould se plaisait tant à parodier. Le Gould interviewé ne pouvait rejeter Beethoven, soutint le Gould intervieweur, car cela reviendrait à renoncer à la logique du progrès historique qui pousse la musique vers le mode expressif. L'art de la post-Renaissance « a assuré sa puissance de communication », dit-il, en créant une sorte de bain mélodique dans lequel l'auditeur est invité à plonger. L'interprète peut bien triturer l'interprétation dans le sens qu'il souhaite, mais il ne peut échapper à l'idéologie générale. C'était contre cela qu'en avait le second Gould ; et c'est ainsi que s'installa une dynamique de haine et de rejet.

Évidemment, Gould ne rejeta aucunement les compositeurs venus après la Renaissance, mais cette conversation schizophrénique à propos du caractère schizophrénique de son jeu lui permettait d'évoquer cette éventualité sans aller jusqu'à s'y conformer. Il reconnut qu'il n'était pas prêt à dire, comme le fit John Cage, que « Beethoven s'est trompé[111] ! » C'est-à-dire qu'il ne croyait pas que la technique du développement linéaire des motifs était arrivée à un cul-de-sac et qu'il fallait la remplacer par des quasi-silences zen comme dans le morceau de Cage intitulé *4'33"*. Cependant, il voulait signifier par là que Gibbons, lui, ne s'était pas trompé. Et cette justesse, correctement comprise à la lumière de ce moment formateur, jette un éclairage précieux sur Gould le penseur, Gould le musicien.

On se rappelle le souvenir que Gould partagea, deux ans avant l'auto-interview, au sujet de l'enregistrement des hymnes et madrigaux de Gibbons par le Deller Consort, le tout premier disque qu'il emporterait avec lui sans hésiter sur une île déserte. Le contre-ténor Alfred Deller est mort en 1979. Il avait formé le Consort dans les années qui suivirent la Deuxième Guerre mondiale afin de faire revivre la polyphonie vocale de la Renaissance et plus particulièrement les compositions qui mettent en vedette ce registre masculin éthéré, qui est l'équivalent du contralto, du mezzo-soprano et du soprano. Ce registre et cette musique ont connu une vogue méritée depuis la mort de Deller (et de Gould), mais à l'époque où Gould grandissait ceux-ci n'étaient certainement pas à la mode. Un adolescent de 1948 ou 1949 pour qui la polyphonie religieuse élisabéthaine interprétée par un contre-ténor était la chose la plus émouvante qu'il connût était effectivement une créature très étrange.

À quoi tient le penchant profond de Gould pour la musique de Gibbons ? Premièrement, je pense, à l'heureuse combinaison d'un contrepoint complexe et d'une mélodie accessible : la musique de Gibbons dégage une grâce facile qui masque son poids intellectuel. Il en résulte une beauté structurale, riche en incongruités congruentes ; conviée à une reconnaissance active des motifs, la conscience de l'auditeur est continuellement stimulée et charmée. Les compositions vocales de Gibbons abordent surtout des sujets pieux, comme il était d'usage à l'époque, mais ses autres œuvres épousent les formes de la danse, de la pavane, de la gaillarde, ainsi que des styles allemands importés en Angleterre depuis l'Italie et la France. Tous ces éléments se combinent chez le meilleur musicien de cour de l'époque pour former une œuvre peu abondante mais étincelante qui répond tout à fait aux préférences affirmées de Gould : ligne claire, profondeur contrapuntique, douceur mélodique, motifs peu appuyés ni prévisibles. Telle est la musique qui possède une cadence « directe et emphatique », « une intuition merveilleuse de la psychologie du système tonal ».

Mais il nous faut maintenant élucider un problème, du moins en ce qui a trait aux œuvres non vocales. « Gibbons apparaît comme un artiste de caractère si intransigeant que ses œuvres, du moins celles écrites pour clavier, semblent plus faites pour la mémoire ou pour l'œil que pour l'oreille, comme si l'intercession du son n'était plus nécessaire[112]. » Autrement dit, une tension oppose ici aussi le tactile et l'intellectuel, mais elle nécessite un moyen terme : une autre forme de travail, un travail presque inapparent.

Comme nous l'avons vu, Gould le philosophe se débattait pour expliquer la raison d'être de la musique alors que Gould le musicien jouait de la musique presque sans s'arrêter. La musique est-elle logée dans l'esprit ou dans les doigts ? Dans ni l'un ni l'autre. Dans sa critique de l'ouvrage de Geoffrey Payzant, Gould écrit que « l'image mentale relative au toucher du piano n'a pas tant à voir avec la manière de frapper les notes prises individuellement qu'avec ce qui se passe *entre* les notes et le rituel adopté pour aller de l'une à l'autre[113] ». Or, entre les notes, il n'y a rien ; c'est le silence qui rend la musique possible. C'est dans la traversée de cet espace, dans ce rituel — expression fort révélatrice — que l'esprit rencontre la musique, et vice-versa. Le geste de frapper les notes n'est qu'un moyen permettant d'atteindre ce but. Ni plus, mais ni moins.

Quel émerveillement, alors, pour l'interprète qui trouve un compositeur à l'esprit si proche du sien qu'il a l'impression de créer sa musique au fur et à mesure qu'il la joue. Et quel émerveillement pour nous d'entendre une interprétation si parfaitement inspirée qu'elle réussit à faire coïncider le son et l'émotion. En se déployant dans le temps, elle parvient tout à la fois à nous surprendre et à communiquer ce que nous savions déjà. La grande musique, tel un testament, est sa propre preuve : sa justesse repose précisément dans sa démonstration et nulle part ailleurs. Et pourtant, au même moment — à l'intérieur de ce moment même —, cette tentative n'est pas achevée, n'atteint pas son idéal, puisqu'elle négocie les vides entre les notes, entre l'intellect et la touche, en reconnaissant qu'ils ne pourront jamais être comblés.

Depuis l'Antiquité, les philosophes ont appelé *émerveillement* cette expérience conjointe d'expansion et de reconnaissance. L'émerveillement est ce qui excite l'esprit sans se livrer à la compréhension lisse d'un concept préalable. Il n'y a pas de meilleur mot, je crois, pour décrire cette expérience vivifiante et prenante que constitue la rencontre d'une interprétation de Glenn Gould — même si, parfois, il doit travailler très fort pour exposer la ligne argumentative qu'il se propose de dégager.

En 1962, Gould était optimiste quant au pouvoir d'émerveillement de l'art : « La justification de l'art réside dans la combustion interne de ce qu'il embrase dans le cœur des hommes, et non dans ses manifestations publiques, extérieures et creuses. L'objectif de l'art n'est pas le déclenchement d'une sécrétion momentanée d'adrénaline, mais la construction progressive, sur la durée d'une vie entière, d'un état d'émerveillement et de sérénité[114]. »

21

Prises

Nous pouvons en vouloir à la vie qui, comme les concerts, n'offre pas la possibilité d'une deuxième prise. Contrairement aux séances d'enregistrement en studio, on ne peut pas dire : « On recommence. »

La prise capte l'exécution musicale, l'épingle au moyen de la technologie de stockage et de saisie. Si l'exécution est *prise*, c'est parce qu'on la met de côté pour une reprise ultérieure. Pour être jouée. Les entrées, en anglais, pour le verbe transitif *take* sont parmi les plus longues du dictionnaire — cela illustre peut-être notre souci de prendre une quantité de choses par toutes sortes de moyens. L'entrée pour le nom commun *take* est beaucoup plus courte — une quantité de texte à composer (maintenant archaïque) ; l'enregistrement continu d'une scène au cinéma ou d'un enregistrement musical ; les fonds recueillis à l'occasion d'une représentation théâtrale ou sportive. Le nom commun est presque toujours accompagné de l'article défini : *the take.*

À la différence du morceau lui-même, la prise enregistrée nous fait prendre conscience de la tension entre la partie et le tout, tension qui constitue l'essence de la musique. La prise enregistre ces moments de transaction entre le passé et le futur, que le cadre lâche du présent retient de façon imparfaite, contingente. Nous ne pouvons pas percevoir ce cadre, nous ne pouvons pas le circonscrire, et pourtant nous ne pourrions faire l'expérience de la musique ni de quoi que ce soit d'autre sans supposer sa présence. Si *présence* est le bon mot. Sans son fonctionnement. Sa possibilité. Sa grâce.

La musique est perception, mais elle n'est pas que cela ; elle est aussi perception de ce qui rend possible la perception, un coup d'œil furtif sur les conditions de possibilité de la perception. La musique est pensée, mais elle n'est pas de la cognition — elle ne se réduit pas à un sens fixe ni à un concept déterminé. On ne peut déduire de cela, du statut non cognitif de la musique, qu'elle serait sans importance. Au contraire, la musique est importante même si elle ne signifie rien. La musique est importante *parce qu'*elle ne signifie rien. Toute explication anthropologique ou évolutionniste, aussi nuancée soit-elle, ne peut rendre compte de cette importance de la musique au-delà de la signification. La musique embrasse la promesse de bonheur que procure toute beauté[115].

La musique ressemble à une conversation, à une blague, à la conscience : toutes quatre sont fondées sur une structure d'anticipation et de résolution, d'attente et d'incongruité, sur une négociation du temps. Nous pouvons modeler une ligne musicale de la même façon que nous planifions la structure d'une blague ou d'une conversation, sauf que cette ligne ou cette structure ne *sera pas* la blague ni la conversation ni la musique. Peut-être qu'il serait plus juste d'affirmer : la musique est la conscience.

La musique joue avec les attentes et leurs résolutions, avec des mises en place et des chutes, avec de surprenantes satisfactions et de satisfaisantes surprises, soit avec les matériaux mêmes de la conscience. Et comme l'esprit, un morceau de musique doit trouver sa fin, doit se transformer en silence. Il doit mourir, ou s'éteindre. Mais mourir n'est pas périr. L'exécution prend fin, mais le morceau continue de vivre, d'être joué. Encore et encore. Il a été saisi.

La musique n'est pas l'aliment de l'amour ; elle est l'aliment de la vie. La musique est éros, l'énergie vitale fondamentale, elle préexiste à tout sens analysable et ne peut y être réduite.

Le 4 octobre 1982, on retira à la demande de son père les appareils qui maintenaient Glenn Gould en vie — ou son corps, car il avait peut-être perdu déjà l'usage de sa conscience. Il fut inhumé au cimetière Mount Pleasant aux côtés de sa mère. Son père les rejoindrait plus tard, après avoir souffert le supplice de survivre à son enfant. Sur la pierre tombale de Glenn sont gravés un piano ainsi que les deux premières mesures et demie de l'aria des *Variations Goldberg.*

Une personne ne se résume pas à une chose. Elle est une composition improvisée par le créateur. Nous pouvons tous essayer de la jouer.

Recommençons. Da capo. À partir du début.

Remerciements

En réalisant ce travail sur cet artiste remarquable, j'ai cherché à exprimer une vision de sa pensée qui réponde aux contradictions et aux plaisirs compliqués de notre monde post-historique. Chemin faisant, j'ai pu profiter de nombreux ouvrages : plusieurs biographies narratives, dont celles de Kevin Bazzana, *Wondrous Strange: The Life and Art of Glenn Gould* (2004) ; Otto Friedrich, *Glenn Gould: A Life and Variations* (1989 ; 2002) ; et (en toute connaissance de cause) Peter Oswald, *Glenn Gould: The Ecstasy and Tragedy of Genius* (1998) ; l'indispensable *Glenn Gould Reader* (1984) édité par Tim Page ; Jonathan Cott, *Conversations with Glenn Gould* (1984) ; et l'éclairante étude pionnière et philosophique de feu Geoffrey Payzant, *Glenn Gould, Music and Mind* (1978 ; 1984). Je n'ai pas cherché à documenter, ni même à évaluer, la somme des travaux gouldiens qui, d'année en année, sont de plus en plus volumineux, mais j'ai cité en notes divers ouvrages et articles présentant un intérêt philosophique plus général.

Je remercie Diane Turbide de Penguin Canada et l'éditeur général John Saul pour l'occasion qu'ils m'ont donnée de collaborer à cette collection. Esther Shubert m'a fourni une aide précieuse sur le plan de la recherche, des droits et des épreuves. La fondation Glenn Gould et Key Porter Books m'ont généreusement autorisé à citer les écrits publiés de Gould. Des discussions avec de nombreux amis se sont révélées très utiles, notamment lorsqu'elles ne traitaient pas de musique. Au mois de février 2009, un concert d'Angela Hewitt et une conversation avec elle m'ont permis de mieux comprendre le défi que représente l'interprétation de J.-S. Bach et la satisfaction qu'elle procure.

Des parties de cet ouvrage ont été publiées d'abord dans le *Globe and Mail* et dans le dixième volume de *Alphabet City : Suspect* (Cambridge [Mass.], MIT Press, 2006). Les auditoires ayant patiemment assisté à l'élaboration de certaines idées au Musée royal de l'Ontario à Toronto (2005), à l'université de Groningue aux Pays-Bas (2008), au Trinity College de l'Université de Toronto (2008) et à l'université Cornell (2009) m'ont fait des commentaires précieux. Les étudiants ayant assisté à mes séminaires sur la philosophie de l'art ont aussi joué un rôle important ; j'aimerais remercier notamment ceux qui étaient disposés à réfléchir au mystère de la musique. Merci à tous.

Tous les mots qui composent ce livre ont été rédigés alors que jouait en arrière-plan la musique de Gould. Je n'appellerais pas cela de l'*écoute* si ce n'est de manière factuelle ; on pourrait cependant y voir une volonté optimiste d'osmose. Écouter Gould pour vrai — c'est-à-dire chaque morceau qu'il a enregistré au moins trois fois et certains, comme les *Variations Goldberg* de 1981 et le disque consacré à Byrd et Gibbons, une quantité innombrable de fois — a été la grande récompense de ce projet. En 2007, Columbia Records a fait paraître un coffret contenant tous les disques que Gould a enregistrés pour cette compagnie avec la reproduction des pochettes originales. Aucun fan de Gould ne peut se passer de ce trésor ; dans un monde parfait, un exemplaire de ce coffret accompagnerait chaque exemplaire de ce livre.

Notes

1. Geoffrey Payzant, dans *Glenn Gould, un homme du futur* (Paris, Fayard, 1984 [1978]), fait le même constat en renversant l'ordre des termes : « Qu'il soit au piano ou qu'il parle, Gould contrôle ces "consonnes" d'une manière stupéfiante » (p. 201).
2. Ma transcription du disque audio *Glenn Gould : Concert Dropout* (Columbia BS15, 1968).
3. Ian McEwan, *Samedi* (Paris, Gallimard, 2006, traduction française de France Camus-Pichon), p. 18. Le narrateur note le caractère dépressif du personnage principal, un neurochirurgien londonien du nom de Henry Perowne, pendant qu'il lit une biographie de Charles Darwin pour plaire à sa fille portée sur la littérature. Le neurochirurgien aime faire jouer des enregistrements de Bach au piano quand il est en salle d'opération. « Ses pianistes préférés sont Angela Hewitt, Martha Argerich, parfois Gustav Leonhardt. S'il est de très bonne humeur, il se laisse tenter par les interprétations plus libres de Glenn Gould » (p. 39). Plus tard, Perowne hésite entre les quatre enregistrements des *Variations Goldberg* qu'il possède : « mais à la vision personnelle de Glenn Gould, il préfère le jeu réfléchi et le toucher soyeux d'Angela Hewitt, avec toutes les reprises » (p. 334).

Un commentateur a observé que cette remarque concerne la version de 1955, « notoire pour ces tempos inorthodoxes et la non-répétition de la section A » dans les canons, la fughetta et d'autres parties en forme de fugue. Cette interprétation est plus libre sur le plan intellectuel et non sur le plan technique ; et là encore, il y aurait matière à discussion. La version de Hewitt, comprenant les répétitions, fait 78 minutes et 32 secondes, soit presque une demi-heure de plus que la version de Gould de 1981, qui est sa version lente et fait 51 minutes et 18 secondes (le disque de 1955, lui, ne fait que 38 minutes et 34 secondes). Nouvelle star canadienne dont le génie particulier lui permet d'interpréter Bach avec émotion et précision — certains trouvent qu'elle abuse du rubato —, Hewitt est un peu lasse (et on la comprend) des comparaisons avec Gould, qu'elle se rappelle avoir vu à la télévision et trouvé plutôt bizarre.

4. Glenn Gould, *Contrepoint à la ligne, Écrits II* (Paris, Fayard, 1985 [1964], traduction française de Bruno Monsaingeon), p. 191.

5. *Ibid.,* p. 191.

6. Jerrold Levinson présente ce problème philosophique d'une manière accessible dans *Music in the Moment* (Ithaca [New York], Cornell University Press, 2007 [1997]).

7. BWV988, parution originale en 1741.

8. Glenn Gould, *Contrepoint à la ligne,* p. 10-11.

9. Reproduit sur la pochette à l'occasion d'une réédition des *Variations Goldberg* de 1955 (Columbia MS7096) ; cité dans Payzant, *Glenn Gould,* p. 43. On peut entendre les craquements de cette chaise dans la plupart des enregistrements de Gould ; ils sont ainsi devenus, selon le mot de Payzant, « comme un second label d'origine, à l'égal du chant de sa voix » (p. 137).

10. Glenn Gould, *Contrepoint à la ligne,* p. 10.

11. Reportage radio de CBC diffusé le 30 avril 1967 ; cité dans Payzant, *Glenn Gould,* p. 76.

12. Selon la conception de Gould, l'art de l'interprétation a plusieurs facettes et relève à la fois de la critique et de l'improvisation. Il n'existe pas une seule interprétation possible d'un morceau de musique ; celui-ci nous place plutôt devant plusieurs choix ou modèles. En ce sens, toute interprétation musicale nous dit quelque chose du monde en général et non seulement de telle partition. Les écrits de Gould font preuve de cette même complexité, de ce même amusement sérieux. Nous pourrions conclure qu'il est un *herménaute* davantage qu'un herméneute et que nous devons suivre cet exemple afin de réciter la partition

de sa vie. (Mes remerciements à Joshua Glenn pour ses éclaircissements à ce sujet.)

13. Il s'agit ici d'un cas fictif, celui du narrateur du roman gouldien de Christopher Miller : *Simon Silber: Works for Solo Piano* (New York, Houghton Mifflin Harcourt, 2002) ; voir aussi la note 18.

14. Pour ceux que cela intéresse, on peut caractériser ainsi la différence entre l'aliénation existentielle sartrienne (l'autre comme accusateur présumé ou comme menace) et la reconnaissance existentielle décrite par Lévinas (où l'autre me convie à une position éthique).

15. Dennis Braithwaite, « Glenn Gould », *Toronto Daily Star* (28 mars 1959) ; cité dans Payzant, *Glenn Gould,* p. 21-22.

16. Voir, par exemple, Paul Ricœur, *Soi-même comme un autre,* Paris, Seuil, 1990.

17. Slavoj Žižek, *Looking Awry: An Introduction to Jacques Lacan Through Popular Culture* (Cambridge [Mass.], MIT Press, 1991), p. 69.

18. Le Simon Silber de Miller est parfois considéré comme une représentation fictive d'un pianiste gouldien. En fait, le personnage principal, bien que plaisamment excentrique, ressemble peu à Gould et ne possède pas son originalité joueuse ; mais il y a quelques similitudes amusantes entre les deux. Constitué d'une série de notices biographiques devant accompagner les compositions de Silber, le roman comprend notamment une explication des *Babbage Permutations,* œuvre dédiée au mathématicien Charles Babbage, inventeur de l'ordinateur. Supposément « inspirée d'une œuvre de Schumann, il s'agit simplement d'un ensemble de permutations générées par ordinateur à partir de la séquence B-A-B-B-A-G-E, jouée ici à la manière impartiale de Glenn Gould — que mon ami admira et détesta jusqu'à la fin » (p. 9-10). Le narrateur, un diplômé de philosophie sans travail, est né le 29 février 1960 ; les années non bissextiles, il célèbre son anniversaire le 1er mars — le jour même de ma naissance et à quelques années près (je suis né en 1963).

Glenn, une pièce de théâtre de David Young créée en 1992 (Toronto, Coach House Press, 1998), présente un traitement fictionnel plus évident. La pièce décrit le personnage de Gould selon quatre facettes (le prodige, le concertiste, le perfectionniste, le puritain) et explore les aspects de sa pensée comme dans le film de Girard, au moyen de trente scènes et du double aria. Gould apparaît aussi de façon caricaturale (avec Joséphine Baker, Fred Astaire et Django Reinhardt) dans le dessin animé de 2003 *Les Triplettes de Belleville.*

Citons enfin deux œuvres récentes d'écrivains canadiens qui mettent en scène un Gould fictif ou source d'inspiration : 1) Gould fait une brève apparition dans le roman de Jonathan Bennett *Entitlement* (Toronto, misFit Books, 2008), où il récite par cœur — et de manière peu plausible — les paroles d'une chanson des Clash chez Fran, *diner* de l'avenue St. Clair ouvert toute la nuit. 2) Gould apparaît dans quatre poèmes du recueil de Jeramy Dodds, *Crabwise to the Hounds* (Toronto, Coach House Books, 2008) : « Dictaphone reel of Glenn Gould's last gasp » (p. 53) ; « Modulated timbre and cadence for baby grand » (p. 57) dont l'exergue évoque le désagrément que lui causait l'impossibilité d'une deuxième prise en concert ; « Glenn Gould negotiates the Danube in the company of a raven » (p. 63-66), un long poème en prose ; et « The easiest way to empty a seashell is to place it on an anthill » (p. 48-51). Ce dernier commence ainsi : « D'abord, ses mains flottent au-dessus des notes / puis s'abattent sur l'ivoire / comme un Boeing chargé de bagages. » Suivent une série de métaphores encore plus élaborées qui décrivent le style d'attaque de ses mains : « La droite glisse vers l'étoile polaire, chien guide des explorateurs. / La gauche pivote devant l'étoile et chancelle en pure harmonie / comme un acteur dans le rôle de l'Homme criblé de balles. » (p. 49).

Un critique, faisant remarquer que les apparitions de Gould dans la poésie canadienne sont maintenant si fréquentes qu'elles sont devenues un « cliché poétique », exonéra Dodds parce qu'il montrait « le même brio particulier que le fameux pianiste injectait dans son art ». Eh bien, peut-être. Quoi qu'il en soit, on retrouve, parmi les poètes récents (et non exclusivement canadiens) qui évoquent ou convoquent Gould sous une forme versifiée, J. D. Smith, Kate Braid, Bruce Bond, Ann LeZott, Richard M. McErlean, Jonathan Holden et Janine Canan.

Les *Variations Goldberg* ont elles-mêmes inspiré plusieurs œuvres d'art, dont *Les Variations Goldberg,* premier roman satirique de Nancy Huston (Actes Sud/Leméac, coll. « Babel », 1994 [1981]) où l'un des personnages raille « la course effrénée d'un Glenn Gould » (p. 111), ainsi que la toile de Gerhard Richter, *Goldberg-Variationen,* qui a la forme d'un disque vinyle. (Je remercie Angela Hewitt pour ce dernier exemple.)

19. Cela pourrait être considéré comme l'envers de la situation habituelle où cette même musique inspire et enivre. Par exemple, dans le *remake* ultraviolent, sorti en 2008, du film classique de science-fiction *The Day the Earth Stood Still* — populairement connu sous le titre « The Day Keanu Reeves Stood Still », à cause de l'exquise impassibilité de Reeves —, l'extraterrestre Klaatu, spécialiste en nettoyage environnemental, décide d'épargner l'humanité après avoir entendu l'aria da capo et la Variation 1 joués (dans le désordre) par Ryan Franks. « C'est superbe », dit-il. Une jolie scientifique (Jennifer Connelly) embrassant son enfant l'amène aussi à réviser son parti. L'humanité exploite sauvagement la planète, c'est vrai, mais elle n'est pas *complètement* mauvaise.

Le cas du musicien de talent qui sombre dans le désespoir ou le suicide après avoir entendu ou observé un musicien de génie est, en revanche, assez familier. On trouve des illustrations de ce thème dans l'*Amadeus* de Peter Shaffer (New York, HarperCollins, 1981 [1979]) et *The Fountain Overflows* de Rebecca West (New York, Viking, 1956). Selon d'autres anecdotes, probablement apocryphes, le chansonnier Gerry Coffin sombra dans la folie en se comparant à Bob Dylan, et les guitaristes Eric Clapton et Pete Townshend se sentirent humiliés après avoir assisté à un concert de Jimi Hendrix. Le romancier américain Mark Salzman, fils de musicien, envisageait de faire une carrière musicale et s'inscrivit à Yale à l'âge de seize ans ; mais après avoir entendu un récital de Yo-Yo Ma à Tanglewood, il renonça et décida d'étudier plutôt le chinois. Le sculpteur Richard Serra, suivant un parcours différent et dont nous pouvons nous réjouir, renonça supposément à la peinture après avoir vu *Les Ménines* de Vélasquez, désespérant de pouvoir faire mieux que lui.

20. C'est ainsi que Martin Amis définit l'alcoolisme et non la philosophie dans son roman *Train de nuit* (Paris, Gallimard, 2001), peut-être en s'inspirant de la remarque de Sara Mayfield à propos de son ami F. Scott Fitzgerald qui se suicidait par « mises de côté ». La procrastination a aussi été définie en ces termes. Ma proposition a pour elle la sanction historique de Socrate, qui affirmait que philosopher, c'est apprendre à mourir. Voir le résumé que propose Benjamin Jowett du *Phédon* de Platon : « Le philosophe désire la mort — et les méchants insinueront qu'il la mérite : peut-être est-ce le cas, mais pas dans le sens qu'ils croient. Mais assez parlé d'eux ; la véritable question est la suivante : quelle est la nature de cette mort qu'il désire ? La mort est la séparation du corps et de l'esprit — et le philosophe souhaite cette séparation. Il souhaite être affranchi des plaisirs du corps et des sens qui perturbent la clarté de ses pensées. Il veut se débarrasser de ses yeux et de ses oreilles et contempler la lumière de la vérité avec la seule lumière de l'esprit. »

21. Toutes les citations sont tirées de Thomas Bernhardt, *Le Naufragé* (Paris, Gallimard, 1986 [1983] ; traduction française de Bernard Kreiss).

22. Oliver Sacks, *Musicophilia. La musique, le cerveau et nous* (Paris, Seuil, 2009 ; traduction française de Christian Cler).

23. Cité et analysé dans Sacks, *Musicophilia*, p. 231 ; idem pour les citations de Nabokov et Freud. Les références à Amis et Mann sont les miennes.

24. Cette expérience de pensée est tirée de Andy Clark et David Chalmers, « The Extended Mind », *Analysis*, vol. 58 (1998), p. 10-23. Voici un autre exemple frappant : un homme à la vue diminuée utilise une canne pour guider ses pas. Il semble difficile de nier que la canne fait partie de son esprit (en constitue un prolongement). La situation qui en découle est parfois désignée dans la philosophie de l'esprit comme de l'*externalisme actif* et est considérée comme nouvelle. Mais on peut dire que l'intuition de cette idée apparaît déjà dans la littérature phénoménologique (voir, par exemple, l'argumentation de Heidegger au sujet de la salle de conférence qui existe en tant que préoccupation avant qu'on y pénètre) ou même chez McLuhan dans la notion des médias de

masse en tant qu'« extensions du sensorium ». Je développe ces considérations dans *Concrete Reveries : Consciousness and the City* (Toronto et New York, Viking, 2008).

25. La fameuse distinction de McLuhan entre « médias chauds » et « médias froids », que l'on trouve dans son *magnum opus Pour comprendre les médias, les prolongements technologiques de l'homme* (Paris, Seuil, 1977 [1964]), n'est pas non plus très porteuse. McLuhan est au sommet de son art lorsqu'il traite des changements sociaux qu'entraînent les médias ou lorsqu'il démontre astucieusement, par exemple, que le logement, l'argent et les horloges agissent comme des médias au sens large. Plus saisissante encore est la critique culturelle habile à laquelle il se livre dans son premier ouvrage sur la théorie des médias, *The Mechanical Bride : Folklore of Industrial Man* (1951 ; édition révisée, New York, Vanguard Press, 1967), livre que Gould connaissait sûrement très bien. C'est là que McLuhan examine pour la première fois les différences entre l'espace visuel et l'espace acoustique. Sur ce sujet, voir Richard Cavell, *McLuhan in Space : A Cultural Geography* (Toronto, University of Toronto Press, 2002).

26. Huston, *Les Variations Goldberg*, p. 127. Cette pensée appartient en fait au personnage de Bernald Thorer, dont le monologue intérieur constitue la « Variation XV » dans le roman en trente-deux parties, série de méditations que tissent divers personnages alors qu'ils écoutent l'un d'entre eux interprétant l'œuvre de Bach au clavecin.

27. La fameuse affirmation de MacLeish selon laquelle « Un poème ne doit pas signifier / Mais être » se trouve dans son poème « Ars Pœtica » (1926). De prime abord, ce poème paradoxal semble se contredire : comme dans tout manifeste poétique, ses énoncés sont de nature argumentative ou normative. On trouve en effet pas moins de six occurrences du mot *doit* ! On pourrait ainsi soutenir que le sens du poème est clair et définitif ; il défend une thèse. Mais cette thèse — un poème ne devrait pas signifier — est renversée par l'énonciation, par l'être même, du poème qui l'avance.

La thèse du poème est brillamment illustrée par une série d'images adroites et concrètes, des images de choses et d'expériences émouvantes ou (devrions-nous dire) qui nous font nous arrêter soudainement : un vol d'oiseau, la lune qui monte, un fruit mûr, un vieux médaillon. Un poème devrait être comme *ça*, « palpable et silencieux », comme il le dit lui-même. Silencieux ? Si un poème fait quelque chose, c'est parler. Le voilà, après tout, sur la page (ou sortant de la bouche de celui qui le récite). Un poème est sans doute la chose la moins silencieuse qu'on puisse imaginer. Et c'est ainsi que l'idée et l'expression de l'idée se livrent une guerre permanente au sein de cette immanence paradoxale que constitue ce poème sur les poèmes, cette pensée sur les pensées.

En toute logique, cette contradiction peut être résolue si on creuse la signification du mot *signification*. C'est-à-dire qu'il est incorrect d'aborder la signification d'un poème en la limitant à des *contenus propositionnels* ou à des *conditions de vérité*. Les poèmes échappent aux uns et aux autres, et ce serait une erreur de chercher de telles choses dans la poésie et de réduire ainsi sa puissance vitale à quelque morale ou résumé. Une erreur encore plus grave consiste à dénigrer la poésie sous prétexte qu'on n'y trouve pas de contenus propositionnels ni de valeurs de vérité. En revanche, si nous élargissons la notion de signification, nous pouvons parler de la signification d'un poème, et non juste de son être ou de sa musique.

28. Daniel Levitin, *The World in Six Songs: How the Musical Brain Created Human Nature* (New York, Viking, 2008).

29. *Meat Is Murder* (New York, Continuum, 2003, 33 1/3 series) de Joe Pernice est un recueil de souvenirs romancés à propos de son adolescence à Boston alors que la musique des groupes anglais innovateurs était peu accessible. Le roman de Nick Hornby *Haute Fidélité* (Paris, 10/18, 1999) fait la même chose dans un contexte anglais et durant la même période (le début des années 1980). Les deux auteurs soulignent l'importance de l'accès à la musique, et non seulement des choix musicaux, en tant que marqueur de l'identité culturelle des individus.

30. Voir Pierre Bourdieu, *La Distinction. Critique sociale du jugement* (Paris, Éditions de Minuit, coll. « Le sens commun », 1979). Bourdieu est bien conscient du caractère potentiellement réducteur de

ce type d'analyse du jugement de goût. Au bout du compte, il cherche à dégager ce qu'il appelle le *paradoxe de l'imposition de légitimité*: « Le propre de l'imposition de légitimité est d'empêcher que l'on puisse jamais déterminer si le dominant apparaît comme distingué ou noble parce qu'il est dominant, c'est-à-dire parce qu'il a le privilège de définir, par son existence même, ce qui est noble ou distingué comme n'étant rien d'autre que ce qu'il est, privilège qui se marque précisément par son assurance, ou si c'est seulement parce qu'il est dominant qu'il apparaît comme doté de ces qualités et comme seul légitimé à les définir » (p. 101).

31. Ma transcription à partir du disque audio.

32. Harold Bloom, *Genius: A Mosaic of One Hundred Exemplary Creative Minds* (New York, Grand Central Publishing, 2002). Selon Bloom lui-même, la sélection de ces cent génies, disposés dans un diagramme d'allure extravagante et mystérieuse, a de quoi prêter à controverse : « Outre ceux qu'on ne pouvait écarter — Shakespeare, Dante, Cervantes, Homère, Virgile, Platon, et leurs pairs, écrit Bloom dans sa préface, ma sélection est complètement arbitraire et personnelle. Elle ne constitue certainement pas un top 100 selon le jugement de quiconque, y compris le mien. Je voulais simplement écrire à leur sujet. » Parmi les élus de Bloom, on trouve Lewis Carroll, mais pas Racine ni Rabelais ; Walter Pater, mais pas Addison ni Hume ; Iris Murdoch, mais pas Nabokov ; Browning, mais pas Marvell. Wallace Stevens, oui ; Auden, non. Flannery O'Connor, Hart Crane, Willa Cather, Ralph Ellison — tous là. Evelyn Waugh et Anthony Powell — absents. Aucun auteur vivant n'ayant été inclus, on ne saura donc pas ce qu'il en est d'Anne Carson (candidate probable), Saul Bellow, Thomas Pynchon, Don DeLillo, David Foster Wallace, John Updike et Michael Ondaatje.

33. Tel Henry Perowne. Le personnage de neurochirurgien et fan d'Angela Hewitt créé par Ian McEwan affirme qu'il ne comprend rien à l'idée d'un génie de l'écriture. Bloom lui-même écarte les « Einstein, Delacroix, Mozart, Louis Armstrong ». Et aussi, qu'on se le dise, les Edmund Keane, W. G. Grace, Alfred Hitchcock, Fred Astaire, Curtis Mayfield, Ludwig Wittgenstein et Wayne Gretsky. Il inclut en revanche Platon, le Yahviste, saint Paul, Kierkegaard et

Freud. (Pour mémoire, dans son *Fred Astaire* [New Haven [Conn.], Yale University Press, 2008], Joseph Epstein considère puis rejette l'idée qu'Astaire était un génie ; mais il reconnaît que le danseur était « immensément, irrésistiblement talentueux » [p. 185]. Voilà qui règle la question.)

34. William Gass, « The Test of Time », dans *Tests of Time* (Chicago, University of Chicago Press, 2002), p. 102-126. Gass évoque vers la fin de son texte la valeur incalculable que représente pour l'art « la rencontre de l'événement, de la conscience et de la composition maîtrisée ». « Ne passez pas le test, recommande-t-il. Pour les œuvres d'art, la règle se lit ainsi : n'entrez pas dans le Temps et vous ne serez pas obligé d'en sortir » (p. 126). Voir également Edward Saïd, « The Virtuoso and the Intellectual », dans *On Late Style* (New York, Pantheon, 2006), où on trouve l'une des nombreuses études éclairantes que le critique consacre à Gould.

35. Cette distinction est si courante qu'elle est entrée dans la culture populaire. Dans le film de 1963 *The War Lover* (adapté du roman de John Hersey), Robert Wagner et Steve McQueen incarnent des rivaux, pilotes de B-17 et amoureux de la même femme (Shirley Anne Field). Le personnage de McQueen, belliqueux et obsédé, réussit à l'arracher des bras de Wagner, mais finit par mourir à la suite d'une manœuvre dangereuse. Essayant de comprendre le pouvoir de séduction de McQueen, qui n'a pas comme lui un comportement mesuré, Wagner l'attribue à la « différence entre le talent et le génie ». Un critique du *New York Times* ne se montra guère convaincu à la sortie du film : « À partir d'un drame d'amour et de jalousie au mieux ordinaire, [le trio] livre au total un portrait tiède et superficiel d'un individu parfaitement odieux. »

36. Toutes les citations proviennent de Kant, *Critique de la faculté de juger* (*Critik der Urteilskraft*, 1790) (Paris, Aubier, 1995, traduction française d'Alain Renaut). Kant considérait la poésie comme la plus haute forme d'art, avant la peinture et la sculpture figuratives ; il considérait en revanche la musique comme étant souvent répugnante. « Il en va à cet égard presque comme du plaisir qu'apporte un parfum se répandant au loin. Celui qui tire de sa poche son mouchoir parfumé régale contre leur gré tous ceux qui

sont autour de lui et à côté de lui, et il les force, s'ils veulent respirer, à en jouir eux aussi ; ce pourquoi aussi cet usage est passé de mode. » Eh bien non, ni la musique ni le parfum ne sont passés de mode.

37. Pour ceux encore que cela pourrait intéresser, il est intéressant de noter que cet ensemble de concepts recoupe la distinction que pose Deleuze entre le *virtuel* et le *possible/actuel*. Le virtuel n'est ni le possible ni l'actuel, mais le concept qui désigne l'ensemble des possibilités en tant que telles ; le possible est limité par son rapport duel avec l'actuel ; il s'agit du pas-encore-actuel et est donc, en ce sens, toujours déterminé par l'actuel.

38. Giorgio Agamben, *La Communauté qui vient. Théorie de la singularité quelconque* (Paris, Seuil, 1990 ; traduction française de Marilène Raiola). Il est étonnant que l'ouvrage nuancé d'Agamben, qui analyse avec soin la notion de *quodlibet* et son rapport avec Gould, passe sous silence le fait que la trentième des *Variations Goldberg* emprunte la forme musicale du quodlibet.

39. Cité dans Payzant, *Glenn Gould*, p. 39-40.

40. Cité dans Kevin Bazzana, *Glenn Gould. Une vie* (Montréal, Boréal, 2004, traduction française de Rachel Martinez), p. 185 ; et Otto Friedrich, *Glenn Gould: A Life and Variations* (Toronto, Key Porter Books, 2002 [1989]), p. 153.

41. Cité dans Bazzana, *Glenn Gould*, p. 196 ; Peter Oswald, *Glenn Gould: The Ecstasy and Tragedy of Genius* (New York, Norton, 1997), p. 155-56 ; ainsi que dans Payzant, *Glenn Gould*, p. 45.

42. Glenn Gould, *Entretiens avec Jonathan Cott* (Paris, 10/18, 2001), p. 127.

43. Maurice Natanson, *The Erotic Bird: Phenomenology in Literature* (Princeton [N. J.], Princeton University Press, 2004 [1998]), p. 87, 90, 92. Je suis reconnaissant d'avoir été l'assistant de Natanson dans le cadre de ses cours de littérature et de philosophie au Yale College durant la période où il travaillait à ce livre brillant et réfléchi, le dernier qu'il ait achevé avant de mourir en 1996.

44. Slavoj Žižek, « Notes Towards a Politics of Bartleby: The Ignorance of Chicken », *Comparative American Studies*, vol. 4 (2006), à la p. 381 ; repris dans Žižek, *The Parallax View* (Cambridge [Mass.], MIT Press, 2006), chapitre 6. Elizabeth Hardwick, « Bart-

leby in Manhattan », dans *American Fictions* (New York, Modern Library, 1999), p. 8 ; l'essai fut d'abord publié en 1981.

Il y a évidemment plusieurs Bartleby, même sur le seul plan politique ; Armin Beverungen et Stephen Dunne, dans « "I'd prefer not to": Bartleby and the Excesses of Interpretation », *Culture and Organization,* vol. 13, n° 2 (2007), p. 171-183, laissent entendre que cette fécondité interprétative constitue en elle-même un lieu d'excès *textuel.* L'histoire génère un résidu irréductible que n'épuisent pas Antonio Negri, Michael Hardt, le Bartleby « politique » de Žižek, le Bartleby « originaire » de Gilles Deleuze ou le Bartleby « quelconque » d'Agamben. « En nous fondant sur ces interprétations, nous dérivons le concept d'excès en tant que surplus résiduel de toute catégorie interprétative, comme ce qui n'a pas encore été saisi, le pas-encore-expliqué, l'ininterprétable, l'indéterminé, ce qui est toujours à venir, précisément ce qui ne peut être capté, accroché ou tenu en place » (p. 171).

Le personnage de Bartleby refuse d'être enfermé dans son histoire ; de même, le philosophème « Bartleby » refuse d'être soumis à quelque assignation interprétative ou mode de consommation ! Pour en savoir plus sur ce sujet et sur ses rapports avec la critique politique, voir Mark Kingwell, « Masters of Chancery: The Gift of Public Space », dans Mark Kingwell et Patrick Turmel (dir.), *Rites of Way: The Politics and Poetics of Public Space* (Kitchener/ Waterloo, Wilfrid Laurier University Press, 2009).

45. Agamben, *La Communauté qui vient.*

46. Ma transcription à partir du disque audio *Glenn Gould: Concert Dropout.*

47. *Ibid.*

48. Jarrett fredonne, grogne et chantonne à plusieurs moments durant son incroyable concert de Cologne en 1975. On trouve des vocalisations encore plus appuyées, parfois au point d'irriter l'auditeur (du moins, celui-ci) dans un enregistrement des standards du jazz réalisé en 1983 par Gary Peacock et John DeJohnette, membres d'un trio qui continue d'enregistrer et de jouer après plus de vingt-cinq ans. Voir *Setting Standards: New York Sessions* (New York, ECM, 2008), réédition en plusieurs disques des parutions originales de 1984 et 1985.

Jarrett n'a pas enregistré beaucoup de musique classique, mais il a produit quelques enregistrements de Bach; sa version des *Variations Goldberg* présente une interprétation excentrique de cette grande œuvre. Bien que fondé sur le plan historique, le choix du clavecin est toutefois curieux et donne un résultat un peu ecclésiastique (voire repaire-du-génie-diabolique) — dont Gould aurait dénigré l'effet « machine à coudre ».

49. Glenn Gould, *Le Dernier Puritain, Écrits I* (Paris, Fayard, 1983 [1964], traduction française de Bruno Monsaingeon), p. 160-161.

50. Je me rappelle très bien l'incrédulité rageuse qui s'empara de l'auditoire quand au milieu d'un concert de Queen à Toronto en 1979, les membres du groupe quittèrent la scène pendant que jouait un extrait préenregistré de leur succès monstre « Bohemian Rhapsody » — il n'était pas question pour eux de faire semblant qu'ils étaient capables de reproduire devant public ce passage foisonnant et exacerbé. Dans une catégorie semblable quoique différente, nous trouvons les artistes qui sont accusés de fraude, soit parce qu'ils ne chantent pas sur leurs propres disques (par exemple, le duo des années 1980 Milli Vanilli, dont il fut révélé qu'il était formé de simples mannequins à longues tresses se tortillant sur des voix qui n'étaient pas les leurs), soit parce qu'ils essaient de faire passer des bandes préenregistrées pour des prestations en direct (par exemple, Ashlee Simpson à l'occasion d'une apparition à l'émission de télé *Saturday Night Live* et dont le *lip-sync* fut gâché par un pépin technique).

51. Il ne s'agit là, certes, que des premiers pas dans l'investigation que fait Kant de la connaissance *a priori* dans *La Critique de la raison pure* (*Kritik der reinen Vernunft*, 1781). Des « catégories de l'entendement » sont cependant requises (elles sont au nombre de douze et répertoriées sous ces quatre chapeaux : quantité, qualité, relation et modalité) ainsi que les prétendues idées de la raison (le soi, l'univers, Dieu), sans oublier la résolution des antinomies grâce au raisonnement analytique.

52. Glenn Gould, *Le Dernier Puritain,* p. 186. Ce passage provient d'un essai faisant l'éloge de Richard Strauss dans le magazine *High Fidelity* en 1962.

53. « L'urbanisme aujourd'hui. Mythes et réalités. Débat entre Henri Lefebvre, Jean Balladur et Michel Écochard », *Les Cahiers du Centre d'études socialistes,* nᵒˢ 72-73 (1967), p. 10. Voir aussi Henri Lefebvre, *La Production de l'espace* (Paris, Anthropos, 1974). Sa « critique de la vie quotidienne » y est abondante et comprend des réflexions sur la musique, l'architecture et leur rapport sous le sceau de la conscience et de la ville.

54. Glenn Gould, *Contrepoint à la ligne,* p. 147.

55. Glenn Gould, *Le Dernier Puritain,* p. 122.

56. Cité et analysé dans Alfred Schütz, *Collected Papers,* vol. 2 : *Studies in Social Theory* (Berlin, Springer Verlag, 1964), p. 199.

57. Johan Huizinga, *Homo Ludens. Essai sur la fonction sociale du jeu* (Paris, Gallimard, 1951 [1938], traduction française de Cécile Seresia) ; les citations proviennent des pages 11, 20 et 24.

58. Les satires pince-sans-rire de Stephen Potter sur ce sujet sont instructives. Dans *Gamesmanship* (Londres, Rupert Hart-Davis, 1947), *Lifemanship* (Londres, Rupert Hart-Davis, 1950), *One-Upmanship* (Londres, Rupert Hart-Davis, 1952) et *Supermanship* (New York, Random House, 1958), Potter présente toutes les tactiques liées au *gamesmanship,* qui se résume à l'art de se mettre de l'avant en marchant sur ses semblables.

59. Voir James P. Carse, *Jeux finis, jeux infinis. Le pari métaphysique du joueur* (Paris, Seuil, 1988). Carse voit cette distinction d'un œil négatif : préoccupés par la fin et la victoire, les jeux finis sont répandus dans la vie et dans les sports ; les jeux infinis révéleraient, en revanche, des possibilités humaines plus profondes. Carse est animé d'ambitions métaphysiques plus larges et pas toujours très bien perçues. Par exemple, il règle la question du génie en affirmant, dans la troisième section intitulée « Je suis le génie de moi-même », que chacun de nous, eh bien, est le génie de lui-même ou d'elle-même.

60. Voir également Huizinga, *Homo Ludens,* chapitre 10 ; ainsi que Mark Kingwell et Joshua Glenn, *The Idler's Glossary* (Emerville, Biblioasis, 2008). À l'époque d'Aristote, l'opinion commune considérait que la musique était clairement utile et qu'elle constituait une forme d'éducation morale.

61. Le roman d'amour de Gould avec cet instrument — « C'est un

piano extraordinaire, qui possède une clarté, dans tous les registres, que je n'ai jamais trouvée ailleurs. Je l'adore », confia-t-il à Jonathan Cott (*Conversations,* p. 67) — a été bien documenté par lui-même dans plusieurs notices et interviews. Il a aussi été analysé de façon compétente par Katie Hafner dans *A Romance on Three Legs: Glenn Gould's Obsessive Quest for the Perfect Piano* (New York, Bloomsbury, 2008) ; voir aussi l'analyse piquante de Payzant, *Glenn Gould,* p. 183-187.

62. wiki.answers.com/Q/What_famous_people_have_Asperger's_ Syndrome

63. Si on y ajoutait les personnages fictifs pouvant souffrir du syndrome d'Asperger, la liste inclurait, entre autres, Bert dans *Sesame Street* (mais pas Ernie), Lisa Simpson, Calvin (dans *Calvin et Hobbes*), Dilbert (dans *Dilbert*), Fifi Brindacier, Sherlock Holmes, Hercule Poirot, Chauncey Gardiner dans le film *Being There* de Jerzy Kosinski, Ignatius J. Reilly dans *La Conjuration des imbéciles* de John Kennedy Toole, et — évidemment — la figure type du caractère asocial, Bartleby le scribe. Les lecteurs avertis auront noté que le titre du roman de Toole renvoie à l'œuvre de Swift et au moyen radical qu'il propose pour repérer les génies.
Dans l'éventualité où rien de tout cela ne paraîtrait convaincant, remarquez qu'un cas possible d'Asperger — Gould — est fréquemment associé à l'imaginaire de Schulz : dans une notice rédigée en 1973, Gould écrit qu'« à mesure que sa carrière tirait à sa fin, Hindemith sécrétait tout autour de lui, comme [enveloppé dans la couverture de Linus], la cohérence et la logique » (Glenn Gould, *Contrepoint à la ligne,* p. 386). Dans un article à propos du musicien excentrique Ernst Krenek, publié en 1974 dans *Piano Quarterly,* Gould mentionne qu'il ne sort jamais sans remonter « [s]on écharpe jusqu'à [s]on nez comme s'il s'était agi [de la] couverture [de Linus] » (*ibid.,* p. 412). Coïncidence ? [*N.d.T.* : ces deux allusions à la couverture de Linus n'apparaissent pas dans la traduction de Bruno Monsaingeon.]

64. Alfred Bester, « The Zany Genius of Glenn Gould », *Holiday,* vol. 35, n° 4 (1964), p. 153 ; cité dans Payzant, *Glenn Gould,* p. 166. « Ici, la raison chancelle », commenta Bester à l'époque, mais le

philosophe Payzant se montre plus perspicace. Il sait que Gould n'est pas que facétieux ; ce dernier nous dit ici quelque chose à propos de la façon dont il conçoit la musique.

65. Cité dans Bernard Aspell, « Glenn Gould », *Horizon*, vol. 4, nº 3 (1962), p. 92 ; et dans Payzant, *Glenn Gould*, p. 183. Par une sorte de curieux renversement, le seul enregistrement qu'il ait fait à l'orgue, celui des neuf premières fugues de *L'Art de la fugue* de Bach, sonne affreusement comme un piano.

66. Ma transcription à partir du disque audio *Glenn Gould: Concert Dropout.*

67. Anecdote relatée notamment dans *Glenn Gould: Concert Dropout.* Deux anecdotes dans la même veine ont été baptisées « Le dernier recours » (appellation de Gould pour l'expédient qui consiste à allumer la radio ou l'aspirateur) et « La demi-heure » (selon Gould, « tout ce qu'il faut savoir pour jouer du piano s'apprend en une demi-heure » ; voir Cott, *Conversations*, p. 46). Cette histoire de désert comprend aussi une rencontre en coulisses avec Max Brod, l'exécuteur testamentaire de Kafka, et sa compagne, qui félicita Gould pour son interprétation du Concerto nº 2 de Beethoven. Selon la chute de l'histoire, racontée avec un lourd accent allemand, la femme aurait qualifié la prestation de Gould en ces termes : « Zans kontesde z'édait le plu beau Mozart gue j'aie endendu de ma fie » (Cott, *Conversations*, p. 52).

68. Payzant, *Glenn Gould*, p. 155. L'analyse que fait Payzant de l'idéalisme en musique et du rapport entre le tactile et l'intellect est excellente ; voir les chapitres 5 et 6.

69. Huizinga, *Homo Ludens*, p. 264.

70. Le meilleur ouvrage que je connaisse sur le rapport entre goût et distinction en musique populaire est celui de Carl Wilson, *Let's Talk About Love: A Journey to the End of Taste* (New York, Continuum, 2007), notamment pour la façon avec laquelle l'auteur réussit à marier des analyses de Hume, Kant, Veblen et Bourdieu à son attachement pour la musique de Céline Dion.

71. Il n'est sans doute pas surprenant de voir Bourdieu utiliser Clark comme exemple pratique du « goût populaire », à côté du goût « moyen » (*Rhapsodie in Blue* de Gershwin) et du goût « légitime » (*Le Clavier bien tempéré* de Bach). Chez Petula Clark, écrit-il,

nous trouvons « des chansons totalement dépourvues d'ambition ou de prétention artistique » (p. 16).

72. Glenn Gould, *Contrepoint à la ligne,* p. 443.

73. Glenn Gould, *Le Dernier Puritain,* p. 40.

74. Cité dans Bazzana, *Glenn Gould,* p. 501 ; Friedrich, *Glenn Gould,* p. 225.

75. Glenn Gould, *Contrepoint à la ligne,* p. 184.

76. Je remercie Charles Foran, biographe de Richler, pour cette citation.

77. En fait, les choses sont plus compliquées que cela. Susan Sontag, dans « Le style Camp » (*L'Œuvre parle,* Paris, Seuil, 1968), suggère que le *camp* est le refuge des dandys à l'ère de la culture de masse, alors que l'esthétisme traditionnel et archiraffiné n'est plus une option viable : « De même que dans son échelle des valeurs, la culture du XIXe siècle subroge le dandy à l'aristocrate, le *camp* est le dandysme des temps modernes. Le *camp* a résolu ce problème : comment peut-on être dandy à l'époque d'une culture de masse ? » (note 45). Oscar Wilde est la figure clé entre la haute culture des esthètes et le renversement du haut et du bas auquel s'adonnent les dandys *camp.* Gould pourrait être considéré comme l'envers sombre de la clarté wildienne. Lui aussi incarne le passage vers la culture de masse et il est également préoccupé par l'esthétique en tant qu'éthique, quoique dans un sens opposé. Sa préférence avouée pour les motels, les *diners,* les voitures assemblées à Detroit et la musique de Petula Clark peut être vue comme une forme d'attachement *camp* envers la culture populaire.

78. Glenn Gould, *Le Dernier Puritain,* p. 44.

79. *Ibid.,* p. 41 et 46.

80. Ma transcription à partir du disque audio.

81. *Ibid.*

82. Tim Page (éd.), *The Glenn Gould Reader* (Toronto, Key Porter Books, 1984), p. 390.

83. Pour une analyse qui donne à réfléchir, voir Ken S. Coates *et al., Arctic Front: Defending Canada in the Far North* (Toronto, Thomas Allen, 2008). Coates et ses collègues militent en faveur de politiques nationales visant l'instauration d'un Nord autochtone,

notamment en en faisant une zone à l'abri de tout développement comme l'Antarctique.

84. Anthony Storr, *Les Ressorts de la création* (Paris, Robert Laffont, 1974) ; cité et analysé dans Payzant, *Glenn Gould*, p. 98.

85. Glenn Gould, *Le Dernier Puritain*, p. 267.

86. *Ibid.*, p. 270.

87. *Ibid.*

88. Voir, par exemple, T. W. Adorno, *Philosophie de la nouvelle musique* (Paris, Gallimard, 1962 [1948], traduction française de Hans Hildenbrand et Alex Lindenberg) et *Introduction à la sociologie de la musique* (Paris, Contrechamps, 1994 [1962], traduction française de Vincent Barras et Carlo Russi) ; voir aussi Stanley Cavell, *Dire et vouloir dire. Livre d'essais* (Paris, Le Cerf, 2009 [1969], traduction française de Sandra Laugier et Christian Fournier).

89. Voir Payzant, *Glenn Gould*, chapitre 8, pour un exposé éclairant sur cette question.

90. Je ne chercherai pas à citer l'importante littérature philosophique qui aborde ce sujet, incluant la psychanalyse, la théorie critique et l'existentialisme, mais deux livres méritent d'être mentionnés : Lionel Trilling, *Sincérité et Authenticité* (Paris, Grasset, 1994 [1972]), où l'auteur démontre de façon convaincante que nous, modernes, sommes plus préoccupés par l'authenticité (être vrai face à nous-même) que les hommes d'autres époques, tels ceux du temps de Shakespeare et de la période élisabéthaine, où la question primordiale était celle de la sincérité du discours (être vrai face aux autres) ; et Harry Frankfurt, *The Importance of What We Care About* (Cambridge, Cambridge University Press, 1988), où l'auteur démontre avec vigueur de quelle façon le projet de la *wholeheartedness* (le fait de vouloir être en accord parfait avec le monde, ou tel objet [*N.d.T.*]) façonne les désirs humains. Mes remerciements à Lauren Bialystok, avec qui j'ai pu discuter de ces questions.

91. Glenn Gould, *Contrepoint à la ligne*, p. 313.

92. Glenn Gould, *Le Dernier Puritain*, p. 24.

93. *Ibid.*, p. 282.

94. *Ibid.*, p. 280.

95. Violoniste, essayiste et administrateur de collège, Botstein déve-

loppe cette forme de critique de la culture, presque disparue aujourd'hui, dans le genre « les barbares sont à nos portes » ; voir « Outside In: Music on Language », dans Leonard Michaels et Christopher Ricks, *The State of the Language* (Berkeley, University of California Press, 1980).

96. En témoigne le triste fait que l'identité contemporaine la plus affirmée de Stockhausen est celle d'un homme ayant déclaré que les attaques de 2001 sur le World Trade Center étaient « la plus grande œuvre d'art » concevable. Qu'il ait entendu le mot *art* dans le sens d'une violence luciférienne sublime a naturellement été perdu dans la controverse qui s'ensuivit.

97. Jean-François Lyotard, *La Condition postmoderne. Rapport sur le savoir* (Paris, Éditions de Minuit, 1979). Il est important de rappeler que le propos de Lyotard ne porte pas sur la technologie ni sur l'art, mais sur le savoir ; sa démonstration est épistémologique.

98. Voir Arthur Danto, *Beyond the Brillo Box: The Visual Arts in Post-Historical Perspective* (Berkeley, University of California Press, 1998) et *L'Art contemporain et la clôture de l'histoire* (Paris, Seuil, 2000 [1997], traduction française de Claude Hary-Schaeffer). Selon Danto, l'art serait mort en 1964, année de l'exposition des œuvres d'Andy Warhol, cette victime notoire du syndrome d'Asperger, quoique les *readymades* de Duchamp eussent déjà enfoncé le clou à mi-chemin.

99. *The Glenn Gould Reader,* p. 358.

100. Glenn Gould, *Le Dernier Puritain,* p. 25-26.

101. *Ibid.,* p. 99.

102. Dont celle du natif de Scarborough, Mike Myers : voir la série des films *Shrek* et *Austin Powers, So I Married an Axe Murderer,* ainsi que les sketchs heureusement oubliés de *Saturday Night Live* ayant pour sujet un magasin qui ne tient que des produits écossais, dont l'irrésistiblement comique *foodstuff haggis.*

103. Toutes les citations proviennent de ma transcription du disque audio et des notes de la pochette.

104. Gould l'appelle Teddy Slotz dans sa conversation de 1974 avec Jonathan Cott (d'abord publiée dans le magazine *Rolling Stone*) à propos du « syndrome du Doppelgänger » et des trucages dans

sa propre pensée. Cott avance l'hypothèse que Slutz/Slotz serait une imitation de Lorin Hollander, le célèbre pianiste et chef d'orchestre américain. Gould insiste cependant pour dire qu'il s'agit d'un véritable chauffeur de taxi new-yorkais. L'équivalent le plus proche auquel je puisse penser n'est pas très connu : il s'agit de Sidney Redlitch, l'écrivain ivrogne incarné par Ernie Kovacs dans la comédie de sorcellerie amoureuse *Bell, Book and Candle* réalisée par Richard Quine en 1958.

105. Critique en ligne sur amazon.com

106. *The Glenn Gould Reader,* p. 399.

107. Herbert Fingarette, « Insanity and Responsibility », *Inquiry,* vol. 15 (1972), p. 6-29.

108. Glenn Gould, *Le Dernier Puritain,* p. 273.

109. Le psychologue Jordan Peterson proposa cette conception d'Elvis Presley à l'occasion d'une conférence sur la nouvelle musique classique (Musée royal de l'Ontario, 2005) ; l'interprétation selon laquelle Hughes serait devenu fou à cause de la postmodernité est bellement illustrée dans le roman de Steven Carter *I Was Howard Hughes* (New York, Bloomsbury, 2003).

110. Glenn Gould, *Le Dernier Puritain,* p. 171-172.

111. L'histoire veut que Cage ait fait cette remarque une première fois en 1951, à l'occasion d'une conférence sur Erik Satie au collège Black Mountain en Caroline du Nord. Il la répéta plusieurs fois ensuite, notamment au poète John Ashbery à l'occasion d'un cocktail à Manhattan ; Ashbery répandit ensuite l'histoire. Dans *The Rest Is Noise: Listening to the Twentieth Century* (New York, Farrar, Straus and Giroux, 2008), compte rendu accessible des développements musicaux ultérieurs, le critique Alex Ross aborde la vision de Cage dans le contexte d'un tournant avant-gardiste général aux États-Unis durant les années 1950 ; voir le chapitre 14.

112. Glenn Gould, *Le Dernier Puritain,* p. 122-123.

113. *Ibid.,* p. 269.

114. Glenn Gould, *Contrepoint à la ligne,* p. 243. Il s'agit d'une partie de l'argument général développé dans l'essai de 1962 « À bas les applaudissements », d'abord paru dans le journal *Musical America* ; cité aussi dans Payzant, *Glenn Gould,* p. 117.

115. Cette promesse peut être aussi décevante qu'émouvante : voir, par exemple, Alexander Nehamas, *Only a Promise of Happiness: The Place of Beauty in a World of Art* (Princeton [N. J.], Princeton University Press, 2007) et, pour un prolongement optimiste mais au bout du compte peu convaincant, Elaine Scarry, *On Beauty and Being Just* (Princeton [N. J.], Princeton University Press, 1999).

Chronologie

1932   Glenn Herbert Gould naît le 25 septembre de Russell Herbert Gould et Florence Emma Gould dans leur maison sise au 32, Southwood Drive dans le quartier The Beaches, à Toronto. Il a été leur fils unique.

1938   Le 5 juin, à l'âge de cinq ans, Gould joue pour la première fois en public à l'occasion du trentième anniversaire de la Business Men's Bible Class (à laquelle appartenait Bert Gould) à Uxbridge, en Ontario. Il accompagne aussi ses parents qui chantent en duo.

1945   Le 12 décembre, Gould fait ses débuts professionnels à l'orgue à l'auditorium Eaton. Il interprète la Sonate n° 6 de Mendelssohn, un mouvement du Concerto de Dupuis et la Fugue en *sol* mineur de J.-S. Bach.

1946   Le 28 octobre, après avoir passé ses examens de piano et de théorie musicale avec la note la plus haute, Gould obtient son diplôme du Conservatoire de musique de Toronto (qui deviendra plus tard le Conservatoire royal de musique). Le 8 mai, il donne son premier concert avec orchestre au Massey Hall. Il joue alors le premier mouvement du

Concerto n° 4 de Beethoven avec le Conservatory Orchestra de Toronto.

1947   Les 14 et 15 janvier, Gould fait ses débuts professionnels au piano dans le cadre de la Secondary School Concert Series ; il interprète les trois mouvements du Concerto n° 4 de Beethoven avec l'Orchestre symphonique de Toronto.

Le 20 octobre, Gould donne son premier récital officiel en tant que pianiste professionnel à l'auditorium Eaton dans le cadre de la série International Artists ; le récital comprend des œuvres de Scarlatti, Beethoven, Chopin, Liszt et Mendelssohn.

1949   Le 18 février, Gould, alors âgé de seize ans, interprète pour la première fois en public une de ses compositions (une suite pour piano) durant une représentation étudiante de *Twelfth Night* par le Malvern Drama Club.

1950   Le 24 décembre à 10 h 30, Gould donne son premier concert radiophonique sur les ondes de la CBC. Il joue la Sonate en *si* bémol majeur de Mozart (K 281) et la Sonate en *si* bémol, op. 37 de Hindemith. Gould se souviendra de cet épisode comme du début de son « roman d'amour avec le microphone ».

1952   Le 21 juin, la CBC diffuse sa première interprétation devant public des *Variations Goldberg.*

1953   Le 3 novembre, Gould enregistre la Sonate de Berg pour la compagnie Hallmark Records à la United Church de la rue Bloor ; ce premier enregistrement commercial lui donne aussi l'occasion de publier son premier texte de pochette.

1955   Gould fait ses débuts aux États-Unis, à Washington (le 2 janvier) et à New York (le 11 janvier). Il joue des œuvres de Gibbons, Sweelinck, Webern, Beethoven, Berg et J.-S. Bach. Le lendemain du concert de New York, David Oppenheim, directeur des artistes et du répertoire à la division Masterworks de la maison Columbia, contacte l'agent de Gould et lui propose un contrat d'exclusivité. Pour la première fois de son existence, Columbia met un artiste sous contrat après une seule audition.

Le 1er mai, Gould signe un contrat de trois ans avec Columbia. Il devient ainsi le premier Canadien à être engagé par cette maison de disques ; il annonce que son premier enregistrement sera consacré aux *Variations Goldberg.*

Du 10 au 15 juin, Gould enregistre les *Variations Goldberg* dans les studios de Columbia sur la 30e Rue. Avant la sortie du disque, des rumeurs commencent à circuler à propos du talent de Gould et de ses excentricités ; ce premier disque sera le plus attendu dans l'histoire de la musique classique.

1956   Les *Variations Goldberg* sortent en janvier et connaissent un succès critique et populaire immédiat.

Le 21 mai a lieu la première représentation mondiale du Quatuor à cordes en *fa* mineur, op. 1 que Gould a composé entre avril 1953 et octobre 1955. L'œuvre est interprétée par le Quatuor à cordes de Montréal sur les ondes de la radio de Radio-Canada.

1957   Durant l'été, Gould entreprend sa première tournée outre-mer en commençant par l'Union soviétique. Il est le premier musicien canadien et le premier pianiste d'Amérique du Nord à se produire dans la Russie post-stalinienne. Ses concerts à Moscou et à Leningrad connaissent un énorme succès. Gould s'arrête notamment à Berlin, où il donne un concert avec l'Orchestre philharmonique dirigé par Herbert von Karajan.

1958   Après un concert à Salzbourg, le premier de sa

seconde tournée outre-mer qui doit se dérouler de la fin de l'été jusqu'en hiver, Gould se plaint d'un rhume dont il attribue la cause à la climatisation de l'hôtel. Il se sent tout de même capable de donner ses concerts à Bruxelles, Berlin et Stockholm, mais annule tous les concerts prévus pour octobre en invoquant une bronchite. Plus tard, il décrira son séjour d'un mois à Hambourg comme le plus beau moment de sa vie.

1959　Le 8 décembre, alors que Gould visite les bureaux de la Steinway à New York, le technicien en chef, William Hupfer, lui donne une tape amicale dans le dos. Peu après, Gould se plaint d'avoir subi une blessure grave et entreprend des traitements orthopédiques et chiropratiques quotidiens. Il annule trois mois de concerts, dont la tournée européenne prévue pour février 1960, et intente une poursuite en dommages personnels contre Hupfer et la Steinway pour une somme de 300 000 dollars.

1960　En décembre, Gould interprète pour la première fois devant un auditoire canadien le Concerto pour piano de Schoenberg avec l'Orchestre symphonique de Toronto.

1962　Le 8 août, Gould diffuse sur les ondes de la CBC son premier essai de documentaire radiophonique, intitulé *Arnold Schoenberg : l'homme qui transforma la musique.*

1964　Le 10 avril, à Los Angeles, Gould donne son dernier concert devant public. Il interprète quatre fugues tirées de *L'Art de la fugue* et la Partita n⁰ 4 en *ré* majeur de Bach, l'opus 109 de Beethoven et la Troisième sonate de Hindemith.

1965　En juin, Gould prend un train du CN, le *Muskeg Express,* qui le mène à Churchill, au Manitoba. À bord, il rencontre Wally Maclean, un contrôleur à la retraite, avec qui il se lie d'amitié. Ce voyage lui fournira l'inspiration pour « L'idée du Nord ».

1967   Le 28 décembre, « L'idée du Nord » est diffusé sur les ondes de la CBC dans le cadre de l'émission *Ideas*. « Les retardataires » (1969), qui traite de Terre-Neuve, et « Le calme de la terre » (1977), qui traite des mennonites, compléteront la *Trilogie de la solitude*.

1974   Gould remporte le seul Grammy qu'il gagnera de son vivant pour le Meilleur texte de pochette — Musique classique (*Hindemith : Les sonates pour piano*, interprétées par Glenn Gould).

1975   Le 26 juillet, la mère de Gould meurt d'une congestion cérébrale à l'âge de quatre-vingt-trois ans. Incapable de surmonter l'anxiété que lui causent les visites à l'hôpital, Gould converse pour les dernières fois avec elle par téléphone.

1979   Le 29 septembre, le film de Gould sur Toronto prend l'affiche. Le documentaire comprend notamment une scène où il chante Mahler aux éléphants du zoo municipal.

Gould et le réalisateur français Bruno Monsaingeon entreprennent le tournage d'une œuvre en six parties intitulée *Glenn Gould joue Bach*.

Le premier Walkman de Sony est mis en vente.

1980   *The Glenn Gould Silver Jubilee Album* est lancé en août. Ce disque célèbre les vingt-cinq ans de carrière de Gould avec la maison Columbia. Il contient un morceau bizarre intitulé « Une fantaisie de Glenn Gould ».

1981   En avril et mai, Gould réenregistre les *Variations Goldberg* en six séances de studio. Ces séances sont filmées et forment la troisième partie de *Glenn Gould joue Bach*. Le film sera diffusé en France le 2 janvier 1982.

1982	Du 27 au 29 juillet, Gould enregistre *Siegfried Idyll* de Wagner au St. Lawrence Hall à Toronto. Ce sera sa dernière séance d'enregistrement.
	Le deuxième enregistrement des *Variations Goldberg* sort en septembre.
	Le 27 septembre, Gould souffre d'un mal de tête aigu et est admis à l'Hôpital général de Toronto à 20 h 44. Le diagnostic préliminaire indique qu'il s'agit d'une attaque avec paralysie du côté gauche due à un caillot sanguin.
	Le 4 octobre, après d'autres complications et des signes de dommages au cerveau, le père de Gould demande qu'on débranche les appareils qui le maintiennent en vie ; Glenn Gould est déclaré mort à 11 h.
	Les premiers disques compacts apparaissent sur le marché au mois d'octobre.
1983	Glenn Gould est intronisé au Panthéon de la musique canadienne. Il remporte à titre posthume le Grammy du Meilleur disque classique *(Bach : Les Variations Goldberg)* et le Grammy de la Meilleure interprétation solo instrumentale (sans orchestre) *(Bach : Les Variations Goldberg)*.
1984	Gould remporte un troisième Grammy à titre posthume pour la Meilleure interprétation solo instrumentale (sans orchestre) *(Beethoven : Sonates pour piano n°s 12 et 13)*.
1989	En avril est émis un premier brevet pour le format de compression des fichiers numériques audio MP3.
1999	En février, la compagnie indépendante Sub Pop Records commence à distribuer de la musique en fichiers MP3.
	En novembre, Apple met sur le marché le iPod, lecteur portable de fichiers MP3.

2007 Alors qu'on célèbre le soixante-quinzième anniversaire de naissance de Gould et le vingt-cinquième
anniversaire de sa mort, plus de 100 millions de
iPod ont été vendus dans le monde.

Table des matières

CRÉDITS ET REMERCIEMENTS

La traduction de cet ouvrage a été rendue possible grâce à une aide financière
du Conseil des Arts du Canada.

Nous remercions le gouvernement du Canada de son soutien financier pour nos activités
de traduction dans le cadre du Programme national de traduction pour l'édition du livre.

Les Éditions du Boréal reconnaissent l'aide financière du gouvernement du Canada
par l'entremise du Fonds du livre du Canada (FLC).

Les Éditions du Boréal sont inscrites au Programme d'aide aux entreprises du livre
et de l'édition spécialisée de la SODEC et bénéficient du Programme de crédit d'impôt
pour l'édition de livres du gouvernement du Québec.

Photographie de la couverture : © Yousuf Karsh.

Ce livre a été imprimé sur du papier certifié FSC.

FSC
MIXTE
Papier
FSC® C100212

MISE EN PAGES ET TYPOGRAPHIE :
LES ÉDITIONS DU BORÉAL

ACHEVÉ D'IMPRIMER EN OCTOBRE 2011
SUR LES PRESSES DE L'IMPRIMERIE GAUVIN
À GATINEAU (QUÉBEC).